El canto humanista
de *El Maravilloso Mago de Oz*

Fernando Fernández-Llebrez González

El canto humanista
de *El Maravilloso Mago de Oz*

Desarrollo humano,
esperanza y *virtú* republicana

EDITORIAL COMARES

Granada 2025

COLECCIÓN
VOLVERÁS
A LA POLIS

DIRECTOR DE LA COLECCIÓN
Ángel Valencia Sáiz (Catedrático de Ciencia Política de la Universidad de Málaga)

COMITÉ EDITORIAL
Manuel Arias Maldonado (Catedrático de Ciencia Política de la Universidad de Málaga)
José Manuel Canales (Catedrático de Ciencia Política de la Universidad de Alicante)
Arantxa Elizondo (Profesora Titular de Ciencia Política de la Universidad del País Vasco)
Nieves Lagares (Profesora Titular de Ciencia Política de la Universidad de Santiago de Compostela)
Carmen Navarro (Profesora Titular de Ciencia Política de la Universidad Autónoma de Madrid)
Pablo Oñate (Catedrático de Ciencia Política de la Universidad de Valencia)
Inmaculada Smolzka (Profesora Titular de Ciencia Política de la Universidad de Granada)
Pere Vilanova (Catedrático de Ciencia Política de la Universidad de Barcelona)
Fernando Vallespín (Catedrático de Ciencia Política de la Universidad Autónoma de Madrid)

Ilustración de portada:
W.W. Denslow´s Illustrations for The Wonderful Wizard of Oz (1900)
The Public Domain Review

Maquetación y diseño editorial:
Virginia Vílchez Lomas

© Fernando Fernández-Llebrez González

© Editorial Comares, 2025
Polígono Juncaril
C/ Baza, parcela 208
18220 • Albolote (Granada)
Tlf.: 958 465 382
www.comares.com • E-mail: libreriacomares@comares.com
facebook.com/Comares • twitter.com/comareseditor • instagram.com/editorialcomares

ISBN: 978-84-1369-991-2 • Depósito Legal: Gr. 1241/2025

Impresión y encuadernación: COMARES

A María y Oleg, siempre.

A los miembros del Seminario
«El Maravilloso Mago de Oz y el camino esperanza».

SUMARIO

1
INTRODUCCIÓN

Señala certeramente Martha Nussbaum, que si las instituciones educativas quieren avanzar y ser capaces de estar a la altura de los tiempos actuales estas deben proporcionar un papel protagonista a las artes y a las humanidades en el programa curricular, «cultivando un tipo de formación participativa que active y mejore la capacidad de ver el mundo a través de los ojos de otro ser humano»[1]. Con este propósito humanista están pensadas las siguientes reflexiones que vamos a llevar cabo en el presente libro.

Este trabajo es en cierta medida la continuación de otro libro que escribí en 2020 sobre la crítica a la omnipotencia política donde hacia un análisis teórico político de la magnífica novela *El extraño caso del Dr. Jekyll y Mr. Hyde*. Allí señalaba los peligros de cierta forma de entender la política en la que la deshumanización, la desmesura, el odio, el desprecio y la confrontación discursiva eran sus protagonistas. En dicha monografía, a la que volveremos de vez en cuando pues en ella se apuntaban algunas cuestiones metodológicas que son útiles y comunes a este trabajo y a las que remitiremos para no ser reiterativos, se desplegaba una perspectiva teórica que podríamos calificar de crítica ya que su propósito era señalar

---

[1]   Nussbaum, Martha C., *Sin fines de lucro. Por qué la democracia necesita de las humanidades* (Madrid: Katz, 2010), p. 132.

por donde no es conveniente ir si queremos defender nuestra institucionalidad y valores democráticos. Un tono crítico que venía marcado por la novela elegida pues esta tenía esa función destructiva tan característica suya. Pero al final de nuestro libro señalábamos justamente que dicha crítica, para ser completa, debería ir acompañada de un planteamiento en positivo si queríamos que dicho objetivo fuera efectivo para una sociedad democrática. Y añadíamos precisamente que la obra que podía darnos dicho enfoque constructivo era *El Maravilloso Mago de Oz*. Y es así como nace el presente libro: como una forma de completar la cuestión planteada en 2020. Podemos afirmar, por tanto, que si bien el libro sobre *Dr. Jekyll y Mr. Hyde* era una denuncia de la deshumanización que estamos viviendo políticamente en estos tiempos convulsos, el actual pretende ser una respuesta, a modo de canto, humanista y humanizadora ante tanto desmán; de ahí el título de nuestro libro que intenta recoger la musicalidad que rodea y embarga a todo el cuento que, aun escrito en prosa, parece todo un poema o una partitura[2].

No de forma causal, tanto el presente libro como el anterior se forjaron en una misma experiencia educativa, aunque por medio haya pasado cierto tiempo y no justamente uno de carácter vacío. Ambas monografías se pensaron dentro de los Seminarios sobre Educación Abierta de la Universidad de Granada, una experiencia educativa en paralelo a la oficial que ha protagonizado la Facultad de Ciencias Políticas y Sociología de dicha Universidad y que se caracteriza por abrir el pensamiento científico a nuevas latitudes interdisciplinares y marcada por desafíos epistemológicos que estimulan el conocimiento y que son un buen ejemplo de hacer y de propulsar una buena Universidad cargada de sentido crítico. Mi agradecimiento desde aquí a los Decanatos de la Facultad de Ciencias Políticas y Sociología que lo impulsaron y desplegaron por su apoyo constante y desinteresado a dicho proyecto, desde Antonio Trinidad hasta Santiago Delgado pasando por Mariano Sánchez.

---

[2]   La musicalidad de la novela hace que no fuera extraño, más bien al contrario, que la maravillosa película de 1939 «El Mago de Oz» se produjera como musical, así como pasó con otras adaptaciones teatrales.

Y de la misma forma que en 2020 le di encarecidamente las gracias a los miembros que participaron en dicho seminario, quiero ahora dárselas a los que le dieron vida al de 2025. Desde aquí mi gratitud a Álvaro, Aldana, Berta, Chantal, Alex, Francisco José, Guillermo y Carlos. Sus comentarios enriquecieron mucho el presente trabajo y fueron de una valía enorme. Es más, sin sus comentarios y aliento este libro no hubiera visto la luz ni tendría sentido su publicación. Gracias por hacer Universidad y compartirla conmigo. Permítanme de todas formas señalar de entre ellos a Carlos Aguilar por su apoyo constante a mi persona y a los correspondientes seminarios desde antes de que casi se pensaran como tales y en los que participó de forma activa ya fuera en el realizado en 2020 sobre *El extraño caso del Dr. Jekyll y Mr. Hyde* como en el de 2025 sobre *El Maravilloso Mago de Oz*. Gracias por su constante ánimo y por ser un ejemplo de buen alumno y más tarde compañero de trabajo cargado de un magnífico sentido universitario.

Centrándonos ya en el objeto del presente libro y su contenido cabe señalar, de forma sucinta, que el objetivo del presente trabajo es realizar un estudio politológico de una obra literaria. En concreto, como ya he adelantado parcialmente, pretendo hacer un análisis teórico político de la novela *El Maravilloso Mago de Oz* de Frank Baum escrita en 1900[3].

La hipótesis de trabajo que se quiere demostrar es que *El Maravilloso Mago de Oz*[4] es un *cuento fantástico*[5] que expresa un discurso político esperanzador de carácter humanista —hoy diríamos democrático— que busca el desarrollo humano de sus personajes en consonancia con una

---

[3] La edición que normalmente usaremos para referirnos a dicho cuento será: Baum, L. Frank, *El Maravilloso Mago de Oz*, edición y traducción de Ana Belén Ramos (Madrid: Cátedra, 2014).

[4] Por brevedad y para no caer en algunas reiteraciones a esta obra la denominaré en algunas ocasiones de manera resumida como *El Mago de Oz*. Pero no confundir con la película. Para diferenciarlos, cuando me refiera al film lo pondré entrecomillado y sin cursiva.

[5] Para evitar confusión con el uso común de la palabra fantástico, cuando me refiera al género literario de la fantasía, como en este caso, la pondré en cursiva. Irá sin cursiva cuando sea un mero calificativo sinónimo de estupendo. Lo mismo haré con la palabra maravilloso.

teoría política republicano cívico. Ese sería el canto humanista que emite nuestro precioso cuento. Para que tal hipótesis se pueda validar ha de darse dentro de dos condiciones teóricas: que la esperanza y el desarrollo humano sean definidos en los términos postulados por Nussbaum[6] y que el republicanismo cívico lo sea en los de Quentin Skinner[7].

En la presente investigación defenderé una perspectiva teórica que pretende ir más allá de las barreras epistemológicas a la hora del análisis teórico político, tratando con igual sentido a los distintos formatos de textos ya sean novelas, tratados, ensayos,... [8]. Dentro de la teoría política son pocos los enfoques teóricos que parten de esta premisa por lo que nuestra aproximación es un tanto singular, aunque no sea excepcional.

El libro se estructurará de la siguiente manera. Tras un breve recorrido por el marco teórico y metodológico de la investigación, nos centraremos en el contexto personal y político en el que la obra se escribió. A continuación, nos detendremos en el sentido cultural del cuento en cuestión, para terminar con el significado político del mismo en su sentido esperanzador y la tradición política republicano cívica en la que lo insertaríamos.

---

[6] A este respecto véanse de Nussbaum, Martha C., *Las mujeres y el desarrollo humano*, (Barcelona: Herder, 2002), *Las fronteras de la justicia. Consideraciones sobre la exclusión* (Barcelona: Paidós, 2007) y *La monarquía del miedo. Una mirada filosófica a la crisis política actual* (Barcelona: Paidós, 2019).

[7] Skinner, Quentin, «Las paradojas de la libertad política», en Ovejero, Felix, Martí, José Luis y Gargarella, Roberto, *Nuevas ideas republicanas. Autogobierno y libertad* (Barcelona: Paidós, 2004).

[8] *Idem.*

LITERATURA Y TEORÍA POLÍTICA: HUMANISMO Y RETÓRICA DEMOCRÁTICA

Sobre las cuestiones metodológicas y teóricas que afectan a este tipo de análisis del discurso político me detuve con detalle en mi libro *Dr. Jekyll y Mr. Hyde*[9], al que remito para profundizar en las consideraciones de carácter general que afectan a la forma de leer e interpretar ciertos tipos de textos como son las novelas y su relación con la teoría política. No obstante, resumiremos de manera sintética las cuatro cuestiones teóricas que enmarcan las reflexiones del presente trabajo.

La primera, que la imaginación literaria es importante para la teoría política porque nos ayuda a acercarnos a cualidades como son la empatía (es decir, la capacidad de ponernos en el lugar del otro) y la compasión (esto es, la capacidad de hacer nuestro el dolor inmerecido que otro sujeto siente)[10].

Incorporar la imaginación literaria al estudio teórico de la política y la de las dos emociones señaladas supone agregar una doble perspectiva teórica que nos permite conocer mejor el significado de la política democrática y el sentir de nuestros conciudadanos y conciudadanas,

---

[9] Fernández-Llebrez, Fernando, *Dr. Jekyll y Mr. Hyde. Los peligros de la omnipotencia política en la España de hoy* (Granada: Comares, 2020).

[10] Véanse Nussbaum, Martha C., «La imaginación literaria en la vida pública», *Isegoría*, n.º 11 (1995) y Nussbaum, *Sin fines de lucro*.

lo cual es relevante para una buena teoría democrática tal y como señalábamos en *Dr. Jekyll y Mr. Hyde*[11].

La segunda, que en la teoría política, el discurso político se expresa muchas veces como actos de habla en donde el decir tiene una cualidad realizativa de tal modo que con las palabras no solo decimos sino que «hacemos cosas»[12]. Será siguiendo tales postulados, que analizamos en detalle en *Dr. Jekyll y Mr. Hyde,* como intentaremos descifrar el significado ilocutivo y perlocutivo del discurso político que emana de nuestro *cuento fantástico*[13]. Para ello tenemos que poner a discutir entre sí a los distintos personajes, cosa que haremos en este trabajo de forma exhaustiva, para así saber qué quieren decir y cuál es la fuerza narrativa de este precioso cuento. Del mismo modo, tendremos que situar la obra en su contexto histórico y literario para determinar tanto sus influencias sociales como literarias, cosa que también haremos en el presente trabajo, todo lo cual nos dará el significado de la presente novela, tanto en su vertiente cultural como política.

La tercera, que la «buena literatura» ayuda a la «buena teoría política» porque nos permite acercarnos mejor a las emociones o sentimientos e incluirlos desde el inicio en nuestro marco teórico. Esto significa que la política tiene una dimensión narrativa que hay que incorporar a través del concepto de discurso político[14]. De ello no se deriva que no tengamos en cuenta las razones; es más, nuestro marco teórico se inserta dentro de un determinado modernismo que apela tanto a las razones como a las emociones[15]. De este modo, en nuestro marco teórico necesitamos

---

[11] Fernández-Llebrez, *Dr. Jekyll y Mr. Hyde.*

[12] A este respecto véanse Skinner, Quentin, «Significado y comprensión en la historia de las ideas», en Bocardo, Enrique (ed.), *El giro conceptual. Cinco ensayos de Quentin Skinner, y seis comentarios* (Madrid: Tecnos, 2007) y Austin, John L., *Cómo hacer cosas con palabras* (Barcelona: Paidós, 1991).

[13] Fernández-Llebrez, *Dr. Jekyll y Mr. Hyde,* pp. 16 y ss.

[14] Berman, Marshall, *Todo lo sólido se desvanece en el aire. La experiencia de la modernidad* (Madrid: Siglo XXI, 2008).

[15] *Idem* y Berman, Marshall, *The Politics of Authenticity. Radical individualism and the Emergence of Modern Society* (London: New York: Verso, 2009).

tanto de las razones como de las emociones para realizar una buena teoría política. Pero no solo de esto habla el modernismo de Marshall Berman, sino que hay ejemplos anteriores. Sheldon Wolin hacía mención de ello cuando decía que la peculiaridad del pensamiento teórico de Hobbes «radica en que une dos elementos que muchos de sus predecesores filosóficos habían separado. Los dos elementos que él combinó fueron razón y pasión»[16].

Para estudiar en concreto las relaciones entre las razones y las emociones nos apoyaremos en los estudios de retórica latina sobre la que escribieron autores clásicos como Quintiliano o Maimónides o autores más recientes como Javier Roiz[17]. La retórica latina tiene un arraigo histórico importante en la teoría política y sobre ella me he detenido en anteriores trabajos de manera más pausada, a los que remito[18].

De manera sintética cabe recordar que la retórica latina se caracteriza por hacer uso del bien decir cómo su instrumento clave a la hora de estudiar el pensamiento político y sus obras, sean de la índole que sean. Para la retórica latina las emociones adquieren una relevancia importante a la hora de entender el discurso político, al igual que pasa con nuestra novela en la que estas ocupan un lugar privilegiado.

En nuestro estudio no hablaremos del sentido de las emociones en general, sino que serán vistas desde una perspectiva cognitiva como la desplegada por Nussbaum lo que nos hará introducir ciertos matices en

---

[16] Wolin, Sheldon S., *Hobbes y la tradición épica de la teoría política* (Madrid: Foro Interno, 2005), p. 98.

[17] Véanse a este respecto: Quintiliano de Calahorra, *Obra Completa*, edición bilingüe, V Tomos (Salamanca: Universidad Pontificia de Salamanca, 1997); Maimónides, *Guía de perplejos* (Madrid: Trotta, 1994); y Roiz, Javier, *La recuperación del buen juicio* (Madrid: Foro Interno, 2003).

[18] Véase Fernández-Llebrez, Fernando, *Retórica democrática, identidades y ciudadanía. Asociacionismo y calidad de la democracia en Andalucía* (Granada: Universidad de Granada, 2012) y Fernández-Llebrez, Fernando, «Retórica, emociones y pluralismo: déficit democrático en la identidad política del actual independentismo catalán (2011-2017)», *Foro Interno. Anuario de Teoría Política*, 18 (2018), 27-50.

nuestro análisis retórico[19]. Este enfoque cognitivo permite entroncar las emociones con las razones en donde lo importante es la capacidad que tengan de «decirse «las unas a las otras para poder configurar un espacio público deliberativo que sea satisfactorio[20]. Una forma de comprender las emociones que, siguiendo las palabras de Antonio Damasio, pueden ser entendidas como sentimientos[21].

De este modo, es la integración entre ambas realidades la que irá conformando un espacio público, una *isegoría,* en la que tan relevante es lo que se dice como lo que se oye creándose así un espacio de comprensión y de diálogo mutuo entre las partes que le da sentido al todo. En nuestra opinión, y esperamos demostrarlo a lo largo de la presente reflexión, esto es lo que ocurre en este precioso *cuento fantástico* que es *El Maravilloso Mago de Oz.*

La cuarta, remite a los debates que se dan en el seno del movimiento cultural y académico que estudia la relación entre teoría política y literatura. Para empezar hay que decir que dicho movimiento es largo y ancho pasando por diferentes etapas en su procelosa historia. Para no extendernos en demasía en dicha cuestión, pues nos sacaría de nuestro objeto de estudio, nosotros nos centraremos en las polémicas y discusiones más recientes, las cuales resumen bien las distintas maneras de acercase a dicha cuestión a lo largo de su historia.

Como bien plantea María Jimena, refiriéndose al caso del derecho pero que vale para un debate más general pues la secuencia se da en paralelo en distintos campos científicos, en los años ochenta del siglo pasado el movimiento que establecía relaciones entre la teoría política y la literatura había desarrollado dos corrientes.

---

[19] Nussbaum, Martha C., *Paisajes del pensamiento. La inteligencia de las emociones* (Barcelona: Paidós, 2008).

[20] Para la diferencia entre «decir» y hablar» en la retórica latina, véase: Ramírez, Jose Luís, «El retorno de la retórica», *Foro Interno. Anuario de Teoría Política,* 1 (2001), 65-74.

[21] Damasio, Antonio, *En busca de Spinoza. Neurobiología de la emoción y los sentimientos* (Barcelona: Destino, 2011), p. 13.

Por una parte, estaban los «humanistas» que intentaban llevar los contenidos del derecho o de los estudios políticos en general a la literatura, ya fuera con temas específicos de cada disciplina o introduciendo «contenidos éticos en la literatura que se abstraen como proposiciones de las obras literarias»[22] y que son útiles para el estudio de los problemas políticos. Supone utilizar el formato literario para reflexionar sobre problemas humanos que están presentes en otras disciplinas académicas, pero que al expresarse de forma literaria permite una mejor aproximación a dichos objetos de estudio. Es decir, conlleva una humanización de las ciencias sociales a través de la incorporación de formatos narrativos más abiertos y menos formales.

Por otro lado, estaba y está otro movimiento, que se conoce como «hermenéutico», el cual acude «al campo literario en busca de modelos teóricos de amplio alcance que ayudarán a entender la empresa interpretativa del derecho»[23] u otras disciplinas sociales. Esto supone hacer el camino contrario a la corriente anterior, pues la cuestión ya no es como humanizamos el pensamiento obteniendo contenido ético y social de la literatura, sino más bien cómo aplicamos la interpretación específica de la crítica literaria, con todo su discurso propio y su forma de hacer el análisis discursivo, a los textos políticos, jurídicos o sociales.

Tanto la perspectiva retórica como la de Nussbaum, que es por la que nosotros optamos en este trabajo, se ubica claramente en la primera opción humanista y es ahí donde han dado sus mejores frutos. Bien es cierto que Nussbaum introduce un añadido en su análisis que tiene que ver con lo que aporta la novela, y los cuentos forman parte de ella, al análisis social: en concreto lo que tiene que ver con la imaginación, la fantasía y su capacidad empática. De este modo, la experiencia de un lector (o un oyente) «proporciona consideraciones que deberían desempeñar un papel (aunque no como fundamentos ajenos a toda crítica) en

---

[22] Jimena, María, *Las relaciones entre el derecho y la literatura. Una lectura del proyecto de Martha Nussbaum* (Madrid: Marcial Pons, 2021), p. 95.

[23] *Idem.*

la construcción de una teoría moral y política adecuada»[24] al permitir que se desarrollen «capacidades morales sin las cuales los ciudadanos no tendrían éxito en alcanzar los resultados de cualquier teoría político-moral, por más excelente que esta pueda ser»[25]. Para ello la literatura «puede servir como puente entre una visión de la justicia y la realización social de tal visión (teórica)»[26]. Es así por lo que cabe afirmar que, para el caso que nos ocupa referido al cuento *El Maravilloso Mago de Oz*, los cuentos al decirnos cómo somos nos ayudan a pensar y a pensarnos cumpliendo una función epistémica de un enorme valor teórico.

Como señalábamos en *Dr. Jekyll y Mr. Hyde*[27] al calor de esta cuestión, la fortaleza de la «buena literatura», y de la «buena teoría política», está en su capacidad para mostrarnos la complejidad del ser humano como ser concreto y general y vuelta a lo concreto mostrándonos que ni la razón ni las emociones tienen por qué ser, respectivamente, ni una diosa fría ni unos caballos desbocados[28]. Para romper con dicha simplificación y dicotomización, precisamos, como bien indica Nussbaum, introducir a Aristóteles en nuestro razonamiento, no en el sentido de la búsqueda de sus perfectas esferas imposibles, sino en el sentido de aprender de la necesaria educación sentimental que tiene el comportamiento humano y político en dónde se da algún tipo de diálogo y relación entre sentimientos y razones.

En definitiva, nuestro objetivo no es crear nuevas barreras epistemológicas, sino más bien romperlas abriendo puentes a partir de nuestra capacidad de interpretar críticamente tanto nuestras razones como nuestras emociones viendo su necesaria interrelación en donde la empatía y la compasión ocupan un lugar destacado. Así, no pretendemos «desplazar la teoría moral y política, o sustituir los argumentos basados en princi-

---

[24] Nussbaum, «La imaginación literaria», p. 47 y 48.
[25] *Idem.*
[26] *Idem.*
[27] Fernández-Llebrez, *Dr. Jekyll y Mr. Hyde*, pp. 4 y ss.
[28] Sobre este menester ha escrito García Montero, Luis, «Las emociones razonadas», en *Infolibre*, 3 de marzo de 2019 (https://www.infolibre.es/noticias/opinion/columnas/2019/03/03/las_emociones_razonadas_92471_1023.html)

pios por emociones»[29], como tampoco lo contrario. En la «buena teoría política democrática» hay razones y emociones por la sencilla razón, valga el juego de palabras, de que en la política democrática hay tanto de lo uno como de lo otro.

La clave de este debate está en qué tipo de emociones hay que cultivar o desplazar y su relación con la teoría política (y moral). Y un ejemplo de una buena relación entre ambos campos y universos es justamente lo aportado por *El Maravilloso Mago de Oz,* como veremos más adelante. Y será tirando de estos hilos teóricos y metodológicos como nos adentraremos en nuestro análisis de dicha obra de arte.

Una vez hecho este breve recorrido por los aspectos metodológicos y teóricos de la investigación ya estamos en condiciones de poder entrar en materia. Comencemos viendo algunos elementos contextuales.

[29] Nussbaum, «La imaginación literaria», p. 47.

3

FRANK BAUM
Y EL CONTEXTO SOCIAL Y POLÍTICO
DE *EL MARAVILLOSO MAGO DE OZ*

VIDA Y OBRA DE BAUM: UN BREVE ESBOZO

Frank Baum nació en New York en mayo de 1856 falleciendo también en ese mismo mes en California en 1919, por lo que vivió de lleno el final del siglo XIX y principios del XX con todo el declive y crisis que dicha sociedad sufrió en el mundo y sobre todo en Europa de manera destacada.

Baum fue un escritor de libros para niños y niñas, aunque sus libros fueran obras que iban más allá de la literatura infantil. Esa fue una de sus grandezas, la de escribir para niños y niñas, pero no solo para ellos y ellas, sino también para las y los adultos[30]. Son obras que permiten una lectura múltiple que engrandece la narrativa de Baum y de la que es un ejemplo paradigmático *El Maravilloso Mago de Oz*, escrita en 1900 y acompañada por los fabulosos dibujos de William Wallace Denslow con quien compartía los derechos de autor. Un año antes de escribir esta joya de la literatura universal, Baum fue conocido por publicar su primer libro, *Father Goose* (1899)[31].

Posteriormente escribió otros trece libros sobre la serie *Oz*, que tuvo un gran número de lectores[32]. Tras su muerte en 1919, Ruth Thompson

---

[30] Gardner, Martin, «The Royal Historian of Oz (first of two parts)», en *The Magazine of Fantasy and Science Fiction,* vol. 8, n.º 1 (January, 1955), pp. 76 y 78.

[31] Gardner, «The Royal Historian of Oz (first of two parts)», p. 81.

[32] Los 14 libros de Oz escritos por Baum fueron los siguientes: *El Maravilloso Mago de Oz* (1900), *La Maravillosa Tierra de Oz* (1904), *Ozma de Oz* (1907), *Dorothy y el Mago*

continuó la serie y además su tío, Shormak Khotel, encontró más libros escondidos en la supuesta bóveda de Baum, uno de los cuales relataría el final de *El Mago de Oz*[33].

En total, su obra comprende más de 200 poemas, 82 relatos cortos, otras 55 novelas diferentes, 9 novelas de literatura fantástica y un número desconocido de guiones. También intentó repetidamente llevar sus obras al cine y al teatro, incluida ahí las múltiples adaptaciones de su cuento emblemático. No obstante, ya nada de lo escrito y creado fue igual de grande que su espectacular y excelente *El Maravilloso Mago de Oz* que fue un gran éxito tanto comercial como de crítica, siendo el libro para niños más vendido durante los dos años posteriores a su publicación[34].

En general las críticas trataron bien a *El Maravilloso Mago de Oz*. La revista *The Bookseller and Latest Literature* señalaba que «los niños se van a volver locos con el cuento y los adultos se lo leerán a los más pequeños con gusto, pues será un agradable puente hacia la lectura de ficción de mayor enjundia»[35]. Por su parte, *Book News* señalaba que no le falta «una filosofía y un sentido satírico que proporcionarán diversión al adulto e inspirarán algunas ideas nuevas y saludables a los jóvenes»[36]. Y *The Dial* añadía con cierto entusiasmo sobre la riqueza literaria del cuento: «es ver-

---

de Oz (1908), *El Camino a Oz* (1909), *La Ciudad Esmeralda de Oz* (1910), *La Muñeca de Trapo de Oz* (1913), *Tik-Tok de Oz* (1914), *El Espantapájaros de Oz* (1915), *Rinkitink de Oz* (1916), *La Princesa Perdida de Oz* (1917), *El Hombre de Hojalata de Oz* (1918), *La Magia de Oz* (1919) y *Glinda de Oz* (1920). Para un breve recorrido por estos libros, véase: Gardner, Martin, «The Royal Historian of Oz (second of two parts)», en *The Magazine of Fantasy and Science Fiction*, vol. 8, n.º 2 (Febraury, 1955), pp. 65 y ss.

[33] En este sentido véanse: Gardner, Martin, «Preface» en Baum, L. Frank and Hearn, Michael P., *The Annotated Wizard of Oz*, by L. Frank Baum, edited with an Introduction and notes by Michael Patrick Hearn (New York: Norton and Company, 2000) y Hearn, Michael Patrick, «Introduction to The Annotated Wizard of Oz» en Baum and Hearn, *The Annotated Wizard of Oz*.

[34] Hearn, «Introduction of the Annotated Wizard of Oz», p. XVII y Gardner «The Royal Historian of Oz (first of two parts)», pp. 72 y 76

[35] Ramos, Ana Belén, «Introducción» en Baum, L. Frank, *El Maravilloso Mago de Oz*, p. 38. Y también acúdase a Hearn, «Introduction to Annotated Wizard of Oz», pp. xliii y ss.

[36] Ramos, «Introducción», p. 38.

daderamente notable entre las innumerables publicaciones infantiles y juveniles y posee un atractivo al que no es fácil resistirse»[37]. Y por último en septiembre de 1900 *The New York Times* escribía que la «historia tiene humor y deambulan por aquí y por allá pedacitos de filosofía que serán fuerza impulsora de las mentes de los niños y proporcionarán campos de estudio y de investigación para los futuros estudiantes y profesores de psicología»[38]; y nosotros añadiríamos para futuros estudiantes y profesores de las ciencias sociales en general.

Aun así, no todo fue positivo. Hubo algunos comentarios negativos que la veían como una lectura perniciosa y cobarde acerca de la vida, una especie de herejía para la moral de la época por la de estereotipos que rompía en su relato, tal y como pensaba el director de la biblioteca de Detroit[39]. Pero hay que reconocer que tales consideraciones negativas fueron las menores por lo que se puede decir que tuvo una buena acogida por parte de la crítica y de la sociedad.

Como adelantábamos, la idea central que se destaca es que hablamos de un cuento que permite hacer varias lecturas en su interior en función de la edad del lector o lectora, lo que le da una fuerza, riqueza y sencillez, todo a la vez, enorme. Cuando una literatura popular, ya sea un cuento, novela, cómic, teatro, etc., es capaz de desplegar esas distintas lecturas internas en función del momento y de quien la lee hablamos de una obra maestra que penetra en la cultura popular atravesando nichos de lectura siendo acogida de forma transversal por padres, madres, hijos, hijas, jóvenes, mayores, chicos, chicas,... sin distinción[40], convirtiéndola justamente en un clásico. Ejemplos de ello y de su grandeza litertaria y cutural son *El Maravilloso Mago de Oz*, o *El extraño caso del Dr. Jekyll y Mr. Hyde* o *La isla del tesoro*, o en cómic *Tintín* para el caso europeo.

Las interpretaciones sobre el significado de la novela han sido variadas. Las hay de carácter psicoanalítico, como la de Osmond Beckwith

---

[37]   *Idem.*
[38]   *Idem.*
[39]   *Idem.*
[40]   Hearn, «Introduction to The Annotated Wizard of Oz», pp. lxiii y ss.

quien «aplica a la malvada bruja del Oeste el rol de madre de Dorothy y en las carencias de los personajes masculinos ve un complejo de castración de Baum»[41], la cual resulta un tanto vacua pues no hay prueba alguna de ello a lo largo de la obra ni en las intenciones del propio Baum. Igualmente, ha habido quienes han hecho una interpretación exotérica, apoyándose en la idea de que como Baum «se interesó por el ocultismo y se unió a la sociedad teosófica en 1892»[42], entonces, el libro versaría sobre la reencarnación, queriendo leerse el mapa de Oz como si fuera un mandala. Consideración también demasiado simple y estridente, que no explica la obra y saca conclusiones precipitadas sobre la influencia de alguna faceta de la vida de Baum en esta novela, sin respaldo alguno en el propio texto.

Por su parte, Edward Wagenknecht postuló en 1929 que «El mago de Oz era una utopía estadounidense»[43], interpretación que apunta en buena dirección ya que en esta novela hay un ideario político, aunque igual no es una utopía al uso, tal y como esta se suele entender, de ahí su limitación. Con todo, la interpretación más común es la aportada en 1964 por Henry Littlefield, profesor de historia de una escuela secundaria del norte del estado de Nueva York, quien escribió un artículo académico que interpretaba la novela como una metáfora política de la década de 1890 prestándole especial atención a los debates del Partido Populista sobre la plata y el oro (bimetalismo)[44]. Esta interpretación es bastante usual y reiterada, y pudiendo ser certera en alguno de sus aspectos, como le ocurre a la anterior, al ser verdad que dicho contexto político puede estar rodeando a este maravilloso cuento popular. Aunque en nuestra opinión consideramos que es un tanto sesgada su fijación en el populismo, ya que es bien sabido que Baum, que era republicano

---

[41] Ramos, «Introducción», p. 40
[42] *Idem.*
[43] *Idem.*
[44] Littlefield, Henry, «The Wizard of Oz: Parable on Populism», en *American Quarterly*, vol. 16, n.º 1 (Spring, 1964), 47-58.

y defensor del sufragio femenino, no estaba de acuerdo con sus ideales políticos ni con el movimiento populista.

En definitiva, hablamos de interpretaciones todas ellas parciales que se terminan apropiando del significado de la novela y que justamente por eso, a nuestro modesto entender, no son capaces de abrirnos la novela a su sentido más profundo y amplio como lugar en el que podamos desplegar libremente nuestra propia reflexión y capacidad de asombro ante dicha obra de arte[45]. Para ello será importante leer el texto y analizarlo en toda su complejidad siendo consciente de su contexto epocal y literario. Esto implicará llevar a cabo una perspectiva relacional entre los personajes, y entre distintas obras coetáneas, lo que nos permitirá comprender mejor la obra como un todo a la hora de estudiar y comprender su significado cultural y político[46]. Y todo ello hecho desde el más profundo y sincero respeto por la obra y su autor y con el mayor rigor posible.

Una vez situada brevemente la obra que vamos a analizar en la vida del autor, pasemos a ver el contexto social y político en el que se desarrolló y que le influyó.

EL CONTEXTO SOCIAL Y POLÍTICO: LA ERA PROGRESISTA

La vida y obra de Baum y el momento en que escribió *El Maravilloso Mago de Oz* se desarrollaron en la época del imperialismo europeo[47]. Sobre el influjo del imperialismo en la literatura de la época nos detuvimos cuando analizamos la obra de Robert Louis Stevenson en *Dr. Jekyll y Mr. Hyde*. Pero conviene recordar que *El Maravilloso Mago de Oz* es una obra norteamericana por lo que es necesario precisar el contexto por el que se ve afectado. Dado el momento de su publicación,

---

[45] Hearn, Michael Patrick, «Notes to The Annotated Wizard of Oz», en Baum and Hearn, *The Annotated Wizard of Oz*, pp. 125 y ss.

[46] Ver a este respecto: Skinner, Quentin, «Interpretación y comprensión de los actos de habla», en Bocardo (ed.), *El giro contextual* y Fernández-Llebrez, *Dr. Jekyll y Mr. Hyde*.

[47] Mommsen, Wolfgang J., *La época del imperialismo* (Madrid: Siglo XXI, 1984).

el contexto social y político que marcará a este fantástico cuento es la denominada era progresista de EEUU.

El movimiento progresista de los EEUU abarcó un periodo que va desde 1890 hasta la década de 1920. Como movimiento sociopolítico representó un momento de la historia de los EEUU caracterizado por desplegar un activismo social de amplio espectro y que a la vez desarrolló una reforma política e institucional en el conjunto de los Estados Unidos. Como movimiento político tenía la intención de generar un cambio importante y de calado en la vida social, cultural y política norteamericana.

El vocablo «progresista» ya fue utilizado en Europa con anterioridad, desde mediados del siglo XIX, pero fue su uso en los Estados Unidos el que le dio una proyección internacional muy relevante. Y fue gracias al despliegue de este movimiento sociopolítico con lo que ocurrió tal cosa, de ahí que se pueda afirmar que este movimiento progresista fuera el primer movimiento sociopolítico de esta índole en el mundo occidental y liberal que tuvo repercusión internacional.

Su relevancia fue tan significativa que dio nombre a una época, la llamada era progresista. La denominada era progresista generó en Estados Unidos una inmensa cantidad de empleos nuevos aumentando la producción y el consumo con un crecimiento económico muy alto; un desarrollo económico que llevó a exigir un desarrollo social y político que fue lo que le dio un sello singular a las reivindicaciones de dicho movimiento sociopolítico.

Socialmente la exigencia de un salario decente y una vida digna fue la gran demanda transversal que le dio protagonismo al movimiento dentro de la ciudadanía común y corriente con la que conectó de forma relevante durante el tiempo que duró dicho movimiento[48].

Los objetivos principales del movimiento progresista fueron intentar acabar con los problemas de injusticia social causados por algunos procesos de modernización que se estaban dando de forma acelerada en

---

[48] Jones, Maldwyn A., *Historia de Estados Unidos. 1607-1992* (Madrid: Cátedra, 1996), pp. 341 y ss.

dicho país y que abarcaba tanto a una determinada política industrial como al éxodo rural y al desarrollo urbano que la acompañó.

Desde un punto de vista político su crítica fundamentalmente iba dirigida contra los múltiples casos de corrupción política que todos estos cambios sociales trajeron consigo ante la falta de reglas éticas y legales desde las que actuar[49]. En este sentido, destaca de manera elocuente una profunda crítica a los aparatos políticos de los partidos y a sus líderes cargados de corrupción política que fueron denunciados de forma notable y constante.

Aquí sí había alguna relación entre el movimiento progresista y algunos postulados del «Partido Populista», de ahí que a veces se confundan ambas realidades. Pero qué compartieran dicha crítica no significaba que fuera en términos similares. Frente a ciertos postulados «populistas» que desconsideraban cualquier tipo de mediación política, la crítica del movimiento progresista a los partidos supuso una defensa de la democracia donde las mediaciones seguían teniendo peso, aunque deberían de estar muy controladas por la ciudadanía, generándose así un tipo de mandato representativo muy «estrecho», con poca autonomía por parte de sus dirigentes políticos [50].

Políticamente, otro de sus rasgos más característico fue su apoyo al movimiento sufragista femenino atrayendo el voto de las mujeres hacia su favor[51].

Del mismo modo, propusieron una reforma del gobierno municipal o local por sus problemas de corrupción, así como reformas educativas donde la obra de John Dewey ocupó un lugar destacado en su ideario. La propuesta de Dewey era un sistema educativo muy moderno y avanzado donde el aprendizaje tenía en cuenta la participación del alumnado en

---

[49] *Idem.*
[50] Guardia, Carmen de la, *Proceso político y elecciones en Estados Unidos* (Madrid: Edema, 1992).
[51] *Idem.*

un proceso activo y creativo que relacionaba la educación con la cultura democrática y su extensión por el conjunto del país[52].

En un principio fue un movimiento bastante local, pero con el paso del tiempo se fue extendiendo y convirtiéndose en un movimiento de carácter nacional. De hecho, fue el primer movimiento político que se dirigió, y fue consciente de ello, a las grandes masas para obtener su confianza lo que transformó y modernizó la forma de hacer política, democratizándola al relacionarse con el «gran público», como lo llamaba Dewey[53].

Igualmente defendieron regular los monopolios y las empresas a través de medidas antitrust con el objetivo de favorecer una competencia justa e igualitaria entre las diferentes empresas[54], siendo partidarios del taylorismo. Por tanto, no estaban contra el capitalismo, sino contra su forma oligopolística.

A su vez, tuvieron una conexión especial con las clases medias en las que se apoyaron para impulsar el proyecto progresista otorgándole una base social importante; una clase media en donde los médicos, profesores, abogados y un tipo medio de empresariado eran sus apoyos principales [55]. Y desde el punto de vista social participaron en el desarrollo de una serie de instituciones sociales de solidaridad, apoyando a los sectores más desfavorecidos de la sociedad, de lo que fue un notable ejemplo la Hull House de Chicago[56].

Otras de las medidas más conocidas de los progresistas fue su apoyo a la «Ley seca» porque eso les permitía controlar a los jefes políticos locales que tenían sus redes de poder y clientelas a través de los pubs, además de por algunas razones religiosas[57].

---

[52] Dewey, John, *Democracia y educación* (Madrid: Morata, 1997).
[53] Dewey, John, *La opinión pública y sus problemas* (Madrid: Morata: 2004), pp. 65 y ss.
[54] Beard, Charles A., *An Economic Interpretation of the Constitution of the United States* (New York: FreePress, 1986)
[55] Veblen, Thorstein, *Teoría de la clase ociosa* (Madrid: Alianza, 2014).
[56] Addams, Jane, *Hull House: El valor de un centro social* (Madrid: Paraninfo, 2013).
[57] Jones, *Historia de Estados Unidos. 1607-1992*, p. 350.

Y en cuanto a su política científica optaron por un apoyo a la ciencia postulando salidas eficientes y científicas y modernizando y profesionalizando muchos campos como la historia y la ciencia política[58].

Puesto que el movimiento tenía una faceta social, cultural y política, tuvo líderes en todos esos terrenos. Podemos destacar a los tres más representativos de cada uno de estos campos: Theodore Roosevelt en el ámbito político, que fue Presidente de los Estados Unidos y un gran reformador; Jane Addams en el social, que fue una activista social, feminista y reformista de mucho reconocimiento; y Dewey en el cultural, que fue uno de sus grandes intelectuales que atravesó a todo el movimiento progresista impregnándole de su personal y creativo sello, yendo incluso más allá de este.

De hecho, Dewey va a ser el eslabón teórico y político que una esta etapa del progresismo norteamericano con la del New Deal capitaneado por Franklin Roosevelt y que nos lleva hasta la Segunda Guerra Mundial. El New Deal fue el gran acuerdo propuesto por Franklin Roosevelt para generar una gran mayoría social desde el Partido Demócrata, el cual había sufrido su transformación hacia el progresismo tras unos años de transición desde que Wilson iniciara el camino. Aunque el primero que realmente ayudó a dicho paso fue el republicano Theodore Roosevelt que generó una crisis interna en el viejo Partido Republicano, del que fuera líder, hasta el punto de presentarse a unas elecciones con un partido propio como fue el Partido Progresista[59].

El New Deal tuvo sus defensores y detractores, mostrando diferentes facetas y propuestas, como expresó muy bien Dewey[60]. Pero no hay duda de que supuso un gran acuerdo social y político siendo lo más parecido a un proyecto de bienestar social prolongado en el tiempo que se ha dado en los Estados Unidos de América. Es la gran referencia política y

---

[58] Merriam, Charles E., *New aspects of politics* (Chicago: University of Chicago Press, 1970).

[59] Jones, *Historia de Estados Unidos. 1607-1992*.

[60] Dewey, John, *Liberalismo y acción social y otros ensayos* (Valencia: Alfonso El Magnánim, 1996), pp. 51 y ss.

cultural a la hora de identificar a la democracia norteamericana con los avances sociales y pluralistas europeos de posguerra, aunque lo antecede y fue mucho menos ambicioso. Con todo, supuso y supone un aliciente enorme para el progresismo norteamericano que dura hasta hoy día en su memoria. Basta con rememorar que hoy se habla del Green New Deal, evocando al New Deal del pasado.

Debido al peso de los EEUU, y a alguno de estos antecedentes, el modelo democrático norteamericano fue un buen espejo en el que mirarse para la Europa de posguerra pues era de las democracias más avanzados de su época. Con todo, la solución europea le adelantó en cuanto a su propuesta política, social y cultural.

Trazas y trazos de este ambiente progresista nos lo encontramos a lo largo de la novela.

Lo habitual es hacer una lectura populista como hemos señalado con anterioridad, pero dada la influencia que tiene Matilda Joslyn Gage, su suegra, sobre el pensamiento profeminista de Baum, como veremos, y el deseo de modernidad que caracteriza a la obra y la vida de Baum, defendiendo una apuesta de futuro más abierta que la postulada por el populismo, parece más certero leer esta novela en clave progresista.

Como veremos a continuación, el comienzo de la novela lleva implícita una defensa modernista de una colorida modernidad en clara sintonía con una apertura de futuro que choca con muchos de los postulados característicos del «populismo» y su conexión con ciertos sectores tradicionales y nativistas[61]. Del mismo modo, la crítica social y a la política del cuento viene marcada por una mirada impregnada de cierta mesura que encajaba mejor con el discurso progresista de la época qué con el populista del momento, más dado a postulados más simples y extremos.

Consecuencia de ello será la transversalidad que caracterizará tanto a la novela como al movimiento progresista. Es una transversalidad que se encuentra en el proyecto progresista y que también está presente en la capacidad que tiene la novela para llegar a diferentes sectores como

---

[61] A este respecto ver Judis, John B., *La explosión populista. Cómo la Gran Recesión transformó la política en Estados Unidos y Europa* (Barcelona: Deusto, 2018).

los que van desde el campo, a la manufactura o la infancia y todo ello cruzado por un objetivo común de cambio modernizador y modernista.

Es esta transversalidad la que permite que dicho cuento pueda ser defendido tanto por demócratas como por republicanos. Es verdad que no por todo tipo de demócratas o republicanos de la época. Es decir, no lo será por sus extremos conservadores o radicales, pero sí por los que se movían en la frontera interior entre cada uno de estos dos campos políticos. Fue ese espacio común el que terminó representando el progresismo, de ahí que tuviera líderes en ambos espacios políticos y a la vez supusiera una ruptura con sus sectores más radicales en uno y otro terreno.

Es por esto por lo que tanto la novela como el movimiento progresista se mueven cómodos en la frontera y lo hacen, además, siempre en un proyecto avanzado hacia un mayor modernismo y modernización, es decir, con un tono progresista frente al tradicionalismo característico de finales del XIX y principios del XX. Una lucha contra el tradicionalismo y en favor de la modernidad que simboliza bien el espíritu de la novela y de la era progresista que la envolvió, como iremos comprobando a lo largo de nuestra exposición.

Tras haber situado la obra en su contexto social y político, ya estamos en condiciones de adentrarnos plenamente en el sentido cultural y político de la misma.

4

FANTASÍA Y DESARROLLO HUMANO EN *EL MARAVILLOSO MAGO DE OZ*

EL MARAVILLOSO MAGO DE OZ, UNA FANTASÍA MODERNISTA CARGADA DE CONTRADICCIONES

Hay que recordar cómo nace esta novela. Baum era un gran amante de contar cuentos a sus hijos, cosa que hacía todas las noches que podía. Muchas veces eran cuentos ya existentes que él les relataba, pero otras tantas eran historias inventadas por el propio Baum sobre la marcha. *El Mago de Oz* es un cuento de esta segunda modalidad. Una de esas noches Baum empezó a contarles un *cuento de fantasía* sobre un viaje de una niña hacia un país *fantástico* y en esas le preguntaron por cómo se llamaba dicho país. Entonces Baum levantó la mirada, observó a su alrededor y se topó con dos archivadores: uno de la A a la N y otro de la O a la Z. Juntó estas dos últimas letras y de ahí salió el nombre que da título a este maravilloso cuento: Oz[62].

Del mismo modo, cabe hacerse la pregunta de por qué y cómo ese cuento oral terminó siendo escrito por Baum. Desde luego fue crucial el éxito que tuvo entre sus hijos, pues le pedían más y más historias de Oz cada noche, lo que significaba que había encontrado una buena historia.

---

[62] Hearn, «Notes to The Annotated Wizard of Oz», p. 43 y Gardner, «The Royal Historian of Oz (second of two parts)», p. 67.

Pero junto a ello está la influencia que tuvo en esto su suegra, la madre de Mude. Fue Matilda Joslyn Gage quien le insistió muchísimas veces en que tenía que escribir sus cuentos porque eran francamente buenos, entre ellos este del país de Oz. Pero la influencia de Gage no sólo se quedó en esto, sino que sus ideas políticas van a estar muy presentes en el conjunto de la vida y obra de Baum, y en concreto en el sentido ético de este cuento. Gage fue una gran progresista y sufragista defensora de los derechos de la mujer y de la capacidad autónoma de las mismas en dirigir y ser protagonistas de sus vidas[63].

Estas ideas de emancipación femenina están presentes en *El Maravilloso Mago de Oz*, pues realmente la protagonista del cuento no es el Mago, sino Dorothy que es la que vehicula al conjunto de los personajes y le da sentido global al cuento. Por eso resulta llamativo que el título le dé el protagonismo al Mago, algo sólo explicable por lo bien que encaja con un *cuento fantástico* que sea un mago quien lo protagonice y no una niña común y corriente. Pero más allá de esta cuestión propagandística, la verdadera heroína del cuento no es el Mago ni ninguno de los otros personajes masculinos, sino una niña —mujer y de poca edad— con una capacidad y autonomía digna de encomio.

En este sentido, es necesario detenerse un momento en el tipo de cuento que escribe Baum, pues eso nos servirá para comprender el significado de la novela como obra literaria para su época y el sentido progresista y modernista del mismo.

Son conocidas las palabras del propio Baum en la introducción de su cuento cuando señalaba que «el viejo cuento de hadas, que ha servido durante tantas generaciones, podría clasificarse actualmente como "histórico" en las bibliotecas de los niños; ha llegado la hora de una colección de nuevos cuentos maravillosos que eliminen genios estereotipados, enanos o hadas, así como todos esos episodios aterradores y escalofriantes ideados por los autores para señalar la temible moraleja de cada cuento». Y añadía: «con esto en mente, la historia de *El maravi-*

---

[63] Hearn, «Introduction to The Annotated Wizard of Oz», p. xx y Hearn, «Notes to The Annotated Wizard of Oz», pp. 13 y 14.

lloso mago de Oz [...] aspira a ser un cuento de hadas modernizado en el que se han conservado la maravilla y la alegría, y se han quedado fuera las angustias y las pesadillas»[64]. Y así será como luzca dicho cuento en el sentir popular, aunque su novedad y modernización no conllevará la desaparición de ciertos elementos malignos dentro de la novela, que se mantendrán como sello específico y no de cualquier manera, aunque sí desprovisto de «pesadillas» y «malos augurios».

Por tanto, hablamos de un cuento de hadas modernizado, lo que va a significar un cambio relevante dentro de dicha tradición. Es muy extensa la literatura existente sobre la historia de los cuentos de hadas y *lo fantástico*, por lo que delimitar sus campos literarios no es nada sencillo[65]. Para nuestro objeto de estudio es necesario, y por ahora suficiente, señalar la diferencia entre el significado de *lo maravilloso* y *lo fantástico* en la literatura popular ya que tal contraposición nos permitirá fijar bien de qué está hablando nuestro cuento y que pretende «hacer» como acto de habla.

Si nos detenemos en el *relato maravilloso*, comprobamos que en estos «tanto el lector como el personaje principal se sumergen en un mundo mágico regido por normas que nada tienen que ver con la racionalidad»[66] objetiva del mundo histórico tal y como lo conocemos, creando de lleno y al completo su propio mundo *maravilloso* ajeno al nuestro. Un

---

[64] Baum, *El Maravilloso Mago de Oz*, p. 75.

[65] A este respecto puede acudirse a los textos ya clásicos de Bettelheim, Bruno, *Psicoanálisis de los cuentos de hadas* (Barcelona: Booket, 2012); Chesterton, Gilbert K., «La ética en el país de los elfos», en *Ortodoxia* (México: Porrúa, 1998); Todorov, Tzvetan, *Introducción a la literatura fantástica* (México: Premia, 1981); y Tolkien, John Ronald. R., «Sobre los cuentos de hadas», en *Los Monstruos y los Críticos y Otros Ensayos* (Barcelona: Minotauro, 2022). Y más recientes como los de Davis, Rocío, G. «Mundos paralelos: un acercamiento a la fantasía en la literatura infantil», en *RILCE, Revista de Filología Hispánica, 16,3* (2000), 491-500; López, Román, *Introducción a la literatura infantil* (Murcia: Universidad de Murcia, 1990); y López, Teresa y Moreno, Fernando A., *Ensayos sobre ciencia ficción y literatura fantástica* (Madrid: Universidad Carlos III, 2008).

[66] Mariño, Alicia, «Entre lo posible y lo imposible: el relato fantástico», en López y Moreno, *Ensayos sobre ciencia ficción y literatura fantástica*, p. 46.

ejemplo paradigmático de este tipo de cuento los tenemos en *El Señor de los Anillos o* en *El Hobbit*[67]. Esto significa que en este tipo de relato «no existe conflicto entre lo posible y lo imposible» en el seno de su propia verosimilitud, como bien afirma Alicia Mariño[68].

Por el contrario, como vuelve a señalar la propia Mariño, en los «*relatos fantásticos* se recrean situaciones en las que los seres humanos, insertos en el mundo de la realidad objetiva, se encuentran súbitamente ante algo extraordinario que provoca una desasosegante tensión entre lo posible y lo imposible, una situación en todo caso inexplicable. Un elemento sobrenatural o extraordinario, que no forma parte del universo *maravilloso* en el que todo es posible, que se inserta en el orden humano de la realidad objetiva e invade la vida cotidiana»[69].

En un sentido similar se ha expresado Rocío Davis cuando al reflexionar sobre la literatura fantástica infantil ha señalado que dicha literatura genera un «mundo secundario» sobre el que se construye la historia de fantasía y en el que se apoya el narrador o narradora. A partir de ahí hay dos formas de presentar dicho mundo secundario: lo que se conoce como «fantasía doméstica» o la «alta fantasía». A nosotros nos interesa la primera de estas que es la que encaja con nuestra novela. En la «fantasía doméstica» hay dos modalidades. Una en la que los personajes viven en su vida real siendo en ese mundo en donde se produce la acción y se mezcla con la fantasía uniéndose esta con la realidad. El caso característico de esto lo tenemos en «Mary Poppins»[70]. En la otra modalidad ocurre que el niño o niña, o grupo de infantes, viaja(n) de un mundo real a uno de

---

[67]   Tolkien, John Ronald R., *El Señor de los Anillos* (Barcelona: Minotauro, 2022) y *El Hobbit* (Barcelona: Minotauro, 2022). Para un recorrido por el estudio de la obra de John Ronald R. Tolkien, ver: Segura, Eduardo, *J.R.R. Tolkien: Historia, Leyenda, Mito* (Oviedo: Sapere Aude, 2021). Por cierto, cabe recordar que *El Hobbit* también fue una novela que nació, al igual que *El Maravilloso Mago de Oz*, tras ser leída como cuento nocturno a los hijos de Tolkien por el propio autor. Véase Carpenter, Humphrey, *Las cartas de J.R.R. Tolkien* (Barcelona: Minotauro, 1993).

[68]   Mariño, «Entre lo posible y lo imposible», p. 46.

[69]   *Ibidem*, p. 47.

[70]   Stevenson, Robert, «Mary Poppins» *(film)* (Walt Disney Production: Estados Unidos, 1964).

fantasía de tal modo que el *mundo fantástico* está enmarcado en el mundo real[71]. Un ejemplo casi clásico de esta segunda modalidad es *El Maravilloso Mago de Oz*. De hecho, basta con mirarlo con cierto detenimiento y observamos que esto es justamente lo que ocurre en *El Mago de Oz*.

El cuento parte de un pueblo real como Kansas al que llega un fantástico y enorme ciclón que de forma súbita e inesperada se lleva en volandas la casa con Dorothy y su perro en su interior. A partir de ahí nos sitúa en un mundo diferente, el país de Oz, que invade la vida cotidiana de Dorothy proponiendo un viaje en donde actúa lo posible y lo imposible como dos realidades que conviven en tensión entre lo que ocurre en Oz y el propio asombro de nuestra protagonista. Es decir, hablamos claramente de un *relato fantástico*.

Esto fue algo muy novedoso dentro de la literatura infantil y juvenil maravillosa y de los cuentos de hadas pues mostraba que no hacía falta que tuviera que haber seres *fantásticos* en la novela para crear ese mundo de fantasía, sino que era posible partir de la realidad cotidiana para crear dicha fantasía y forjar un mundo cargado de contradicciones donde las personas y en concreto los niños pudieran identificarse sin necesidad de tener que ver a seres extraños en su cuento. Todo un acto de modernidad que marcó a los venideros cuentos de hadas y que hizo de *El Maravilloso Mago de Oz* un *cuento fantástico* original entre su género. Cuestión que comprobaremos más detenidamente cuando se compare con otros cuentos de la época, cosa que haremos en capítulos venideros del presente libro para no perder ahora nuestro hilo argumental.

A veces cabe la tentación de hacer una lectura onírica[72] de nuestro cuento haciendo ver que el viaje que tiene Dorothy no es un viaje como tal, sino un sueño —o más bien una pesadilla— que tiene al quedarse dormida o como consecuencia de un golpe que se da en la cabeza perdiendo el conocimiento antes de que el ciclón haga de las suyas y la eleve a los cielos. Pero en el cuento los hechos no ocurren así.

---

[71] Davis, Rocío, «Mundos paralelos: un acercamiento a la fantasía en la literatura infantil», pp. 491 y ss.

[72] Bettelheim, *Psicoanálisis de los cuentos de hadas*.

Como escribe Baum al final del capítulo sobre el ciclón, y una vez que este ya ha arrancado la casa del suelo y va en volandas con Dorothy y Totó despiertos, «las horas pasaban, y poco a poco, Dorothy fue superando el susto, aunque se sentía muy sola, y el viento aullaba tan fuerte a su alrededor que casi se queda sorda. Al principio se había preguntado si acabaría hecha pedazos cuando la casa cayera al fin, pero ya que las horas pasaban y no ocurría nada terrible dejó de preocuparse y decidió esperar con calma y ver lo que le depararía el futuro. Al fin, gateó por el inestable suelo hasta su cama y se tumbó. Totó la siguió y se echó junto a ella. Pese al vaivén de la casa y al lamento del viento, Dorothy no tardó en cerrar los ojos y quedarse dormida»[73].

Por tanto, ella ya está viajando en la casa con el ciclón levantándola y llevándola cuando está más que despierta, decidiendo esperar con calma, una cualidad típica de la esperanza que ya ahí aparece como primer rayo de luz del comportamiento de Dorothy. Y se duerme por cansancio, despertándose a continuación cuando aterriza bruscamente en Oz.

De este modo no solo el inicio del viaje es anterior a que ella se quede dormida por lo que el viaje se inicia antes de su ensoñación, sino que, y esto es capital, el final del cuento es claro: Dorothy vuelve de Oz plenamente consciente rodando por las praderas de las tierras de sus tíos y su tía Em le pregunta muy preocupada justamente por donde había estado. Estas son las palabras de tía Em cuando ve llegar rodando a Dorothy y y corriendo hacia ella: «Mi adorada niña —gritó envolviendo en sus brazos a la pequeña y cubriéndole la cara de besos— ¿De dónde diantres sales?» A lo que Dorothy responde: «De la tierra de Oz. Y, oh tía Em, estoy tan contenta de estar de nuevo en casa!»[74].

A esto cabe añadir una consideración más general que afecta al conjunto de la Tierra de Oz». Otro hecho que confirma que se habla de un viaje y no de un sueño son las 13 veces que se visita Oz en los siguientes libros de la aventura en Oz con la intención, además, por parte de Baum de configurar lo que podríamos denominar como el «universo» de la

---

[73] Baum, *El Maravilloso Mago de Oz*, p. 82.
[74] *Ibidem*, p. 244.

Tierra de Oz. Visitas a Oz que en algún caso —como en *La Maravillosa Tierra de Oz*— ni siquiera aparece el personaje de Dorothy, aunque sea nombrado como una persona importante para dichos lares.

Por tanto, que la novela sea un sueño no lo parece en absoluto. Distinta es la versión cinematográfica de Hollywood con Judy Garland, la cual sí es interpretada como un sueño que ha tenido Dorothy despertando en la cama y teniendo a sus pies a la familia y en la que se mezclan los personajes de su Kansas natal con lo vivido en Oz. Pero eso pasa en la clásica y magnífica película «El Mago de Oz» de 1939, pero no es así en la novela de Baum[75].

En la novela lo que ocurre es un viaje, un viaje iniciático en donde prima la aventura, aunque no sea una novela de aventuras, dejando claro que es un desplazamiento hacia un mundo diferente en el que la imaginación y la fantasía ocupan un lugar central en la obra. De hecho, como acabamos de constatar encaja a la perfección con el *género fantástico* en donde hay un juego estupendo entre esa fantasía y el mundo alternativo que dibuja; un juego que va cargado de contradicciones y fuerzas contrapuestas yendo más allá de la pura magia o del *relato maravilloso*.

Por tanto, hablamos de un cuento novedoso que abre la espiga de los modernos *cuentos fantásticos* que, por ser tales, permitirán el desarrollo de una de las capacidades humanas más importantes como es el ejercicio de la fantasía, esto es, la «capacidad para ver una cosa como otra y una cosa en otra»[76].

Como bien advierte Nussbaum, la fantasía supone «entender la percepción como indicador de algo más allá de sí mismo; ver en las cosas que son perceptibles y están a mano otras que no están frente a nuestros ojos»[77]. Es la fantasía, seguramente la forma más elevada de arte[78], la que permite que las emociones y la imaginación del lector permanezcan

---

[75] Fleming, Victor, «El Mago de Oz» *(film)* (Metro Goldwyn Mayer: Estados Unidos, 1939). Sobre esta misma diferencia se ha extendido Hearn. Ver Hearn, «Notes to The Annotated Wizard of Oz», pp. 27 y ss.

[76] Nussbaum, «La imaginación literaria», p. 66.

[77] *Idem.*

[78] Tolkien, «Sobre los cuentos de hadas», pp. 157 y ss.

muy activas, siendo la naturaleza de esta actividad y su relevancia para el pensamiento público la que nos interesa resaltar[79]. Una fantasía que está muy presente en nuestro cuento pues no por casualidad hablamos de un *cuento fantástico*. Y es que los cuentos nos «cuentan» mucho sobre nosotros y nosotras mismas.

De este modo, nuestra *novela fantástica* pone en danza una serie de emociones entre los lectores que posibilita la emergencia de la empatía haciendo crecer nuestra capacidad para pensar «cómo sería estar en el lugar de la otra persona, de interpretar con inteligencia el relato de esa persona y de entender los sentimientos, los deseos y las expectativas que podría tener esa persona»[80]. Una imaginación narrativa que se caracteriza por activar al ciudadano-lector y permitiendo compartir así los bienes de otros que son comunes y que pueden afectar a la sociedad.

Como advertíamos en *Dr. Jekyll y Mr. Hyde*, es a partir de esta imaginación narrativa como constatamos todas las posibilidades políticas y morales que tiene la fantasía al detectar «su capacidad para conferir a una forma percibida un significado más rico y complejo; su construcción generosa del mirar; su preferencia por el asombro en vez de por las soluciones ufanas; sus movimientos sorprendentes y joviales, encantadores por sí mismos, su ternura, su erotismo, su asombro ante el hecho de la mortalidad humana»[81]. Y lo hace mostrándonos tanto lo bueno como nuestras miserias humanas. Y ocurre que tanto lo uno como lo otro está en Oz. Oz es un mundo complejo marcado por la fantasía tanto interior como exterior que caracteriza a la propia obra y que proyecta el cuento hacia nosotros y nosotras que estamos fuera de él dándole una vitalidad y un vigor enorme.

De hecho, en Oz, y qué decir de Kansas, también hay problemas. Oz no representa un mundo plano. En él hay bien y mal[82]. El bien está claro y más en un cuento de hadas. Buenas son las Brujas del Norte y del Sur,

---

[79] *Ibidem*, p. 45.
[80] Nussbaum, *Sin fines de lucro*, p. 132.
[81] Nussbaum, «La imaginación literaria», p. 71.
[82] Gardner, «The Royal Historian of Oz (second of two parts)», p. 66.

Dorothy y sus amigos, o Totó. Pero el mal también está presente, y lo está por la existencia de malvados personajes (por señalar algunos de ellos: las Brujas del Este y del Oeste, tigres, monos alados, el farsante Mago de Oz, que además, le da título al cuento,...), como por el hecho de que el mal está presente en Oz en forma de homicidio y llevado a cabo por la protagonista del cuento, ni más ni menos. Cuando hablamos de Oz, y también de Kansas, no hablamos de mundos puros: son realidades impuras cargadas de contradicciones.

Eso no quita para que nos encante Oz y nos pueda parecer un mundo precioso. Lo es y lo representa aún con todas sus imperfecciones. Como bien señaló Ray Bradbury: «Oz es ese lugar donde, diez minutos antes de dormir, vendamos nuestras heridas, ponemos los pies en remojo, nos soñamos mejores, la poesía dormita en nuestros labios y decimos que la humanidad, por muy falsa, vil y tonta que sea, merece otra oportunidad de recibir un nuevo amanecer y un copioso desayuno»[83]. Es decir, *El Maravilloso Mago de Oz* nos cuenta un relato con un sentido esperanzador muy profundo que no deja de mostrar las contradicciones de la vida y de la política.

En todo esto, nuestro *fantástico cuento* es muy singular. Es hijo de su época, tal y como vimos, pero apunta hacia una sociedad nueva y diferente que huye del mundo que le vio nacer y desarrollar para desplazarse hacia una realidad social, política y cultural compleja y ambivalente donde las cosas no son ni simples ni univocales. Nos dibuja de forma muy modernista un nuevo mundo plurivocal hacia el que nos dirigimos a lo largo del siglo XX[84]. Es una aspiración hacia la que nos movemos, una especie de fuerza ética y cultural que impregna al nuevo mundo de Oz y que hemos de traer al viejo, a la Kansas abandonada. Todo un proyecto modernizador y modernista que nos permite hacer esa lectura progresista que señalábamos en el capítulo anterior y que vamos poco a poco

---

[83] Bradbury, Ray, «Foreword: Because of the Wonderful Things He Does», en Baum, L. Frank, *The Wonderful Wizard of Oz* (Kansas: University Press of Kansas, 1999), p. 249.

[84] Benhabib, Seyla, *Las reivindicaciones de la cultura* (Buenos Aires: Katz, 2006).

confirmando conforme avanzamos en el análisis. Todo un entramado que se apreciará muy bien y aún mejor cuando nos detengamos en la estructura de los personajes y sus relaciones. Vayamos a ello.

LOS PROTAGONISTAS DE *EL MARAVILLOSO MAGO DE OZ* Y EL DESARROLLO HUMANO

El Maravilloso Mago de Oz es a la vez una obra con una clara protago-nista principal, Dorothy, y con un cuerpo coral que le da un sello singular y colectivo importante. Sabemos que Dorothy, tras un ciclón, acaba recalando en Oz y que una vez allí ella lo que quiere desesperadamente es emprender el camino o viaje de vuelta a Kansas.

Y es a partir de esta historia como se construye todo el cuento. Es así como se va encontrando a distintos personajes con los que emprenderá un viaje por Oz que le hará vivir una aventura única de crecimiento y de desarrollo humano notable en el sentido dado por Nussbaum en el que la expansión de las capacidades juegan un papel central. Nussbaum define al desarrollo humano como un concepto en donde el ser humano, o los agentes equivalentes, actúan «como un ser libre dignificado que plasma su propia vida en cooperación y reciprocidad con otros, y no siendo moldeado en forma pasiva o manejado por todo el mundo a la manera de un animal de rebaño. [Así], una vida realmente humana es una vida plasmada íntegramente por estas potencialidades humanas de la razón práctica y la sociabilidad»[85]. Siguiendo estos pasos es como emergerán los tres personajes claves que acompañarán a Dorothy: el Espantapájaros, el Leñador de Hojalata y el León Cobarde; tres amigos que son algo más que figuras secundarias y que son de una calidad humana sobresaliente, siendo realmente entrañables[86]. Una vez que los conocemos difícil es olvidarlos y no quererlos.

---

[85] Nussbaum, *Las mujeres y el desarrollo humano*, p. 113 y 114.
[86] Como es habitual en muchos cuentos infantiles, tras la aparición de los hermanos Grimm, *El Mago de Oz* usará la «triple repetición» para enfatizar ciertas cuestiones, de ahí que sean tres amigos, tres pasos, tres deseos...

Los tres amigos de Dorothy son de una sencillez enorme y los tres se encuentran atrapados, o bloqueados, siendo liberados por la acción de Dorothy. Así ocurre con el Espantapájaros cuando Dorothy le pide que se baje de dónde está colgado y su respuesta es clara diciéndole que no puede bajar porque tiene un «poste clavado en la espalda»[87]. Y añade: «si me hicieras el favor de quitármelo, te estaría enormemente agradecido»[88]. Y es en ese momento cuando Dorothy «alargó las dos manos y sacó la figura del poste. Al estar rellena de paja era muy ligera»[89].

Como es sabido, lo que el Espantapájaros busca y quiere es tener un cerebro en vez de serrín en la cabeza, y así tener uso de la razón para ser inteligente y que no le llamen tonto[90]. Su objetivo será, por tanto, encontrar al Mago de Oz para que este le dé un cerebro con el que pensar, pidiéndole a Dorothy si puede ir con ella, cosa que ella acepta encantada. Pero lo curioso de toda esta búsqueda, cómo les ocurrirá a sus otros dos amigos, es que realmente no tiene ni un pelo de tonto[91]. De hecho, no le va a hacer falta llegar a conocer al Mago para demostrar su buena inteligencia a lo largo de la novela. Así ocurre cuando es él quien da la solución al problema de cómo cruzar la zanja que dividía en dos al bosque. Ante dicha situación es al Espantapájaros a quien se le ocurre que el León Cobarde la salte llevando en su lomo a cada uno de los amigos[92]. O cuando tienen que cruzar otra zanja y se le ocurre hacerlo atravesando un árbol salvándolos de los Kalidahs, por poner otro ejemplo más[93].

Lo mismo pasa con el Leñador de Hojalata. Este también fue liberado por Dorothy, en compañía del Espantapájaros, añadiendo aceite a su gastado y maltrecho cuerpo, tras oír Dorothy como gemía, lo que habla de la sensibilidad de esta pues el Leñador llevaba quejándose más de un

---

[87] Baum, *El Maravilloso Mago de Oz*, p. 97.
[88] *Idem.*
[89] *Idem.*
[90] *Ibidem*, p. 98.
[91] Gardner, «The Royal Historian of Oz» (first of two parts)», p. 76.
[92] Baum, *El Maravilloso Mago de Oz*, p. 123.
[93] *Ibidem*, p. 125. Los kalidahs son animales temibles con cuerpo de oso y cabeza de tigre.

año y nadie le hizo caso[94]. En el caso del Leñador lo que este busca es tener sentimientos, tener un corazón con el que querer. Y lo pretende porque sabe de su valor pues ya lo tuvo y al perderlo sintió que era lo más importante que había y lo quería recuperar[95]. E igual que pasara con el Espantapájaros, el Leñador busca algo que realmente tiene, aunque él piense que no.

De nuevo son varios los ejemplos donde tal hecho se confirma: cuando el Leñador se pone a llorar en el campo de amapolas, o cuando tiene mucho cuidado en «ayudar a todo aquel que necesita un amigo, aunque sólo sea un ratón»[96], o cuando su único deseo, tras la pérdida del Espantapájaros, es que este esté de vuelta con ellos porque eso es lo que le haría feliz[97]. Y todo ello, evidentemente, antes de ni siquiera conocer al Mago.

Algo similar va a ocurrir con el León Cobarde. Es verdad que a este no lo rescatan, pero de nuevo es la intervención de Dorothy y sus amigos la que hace que el León Cobarde pueda salir de su letargo, superar sus miedos y que vaya a buscar el coraje que él cree que le falta pidiéndoselo al Mago de Oz en Ciudad Esmeralda[98]. Y de nuevo es una búsqueda vana porque es una cualidad que ya tiene, aunque él no sea consciente de ello.

Así, actúa valientemente cuando se enfrentan a los Kalidahs, a los que tenía mucho miedo; o cuando le dice a sus amigos que se queden cerca de él y que él luchará defendiéndolos mientras viva; o cuando en el campo de amapolas el «León saltó al agua y empezó a nadar con toda su energía hacia la orilla, al tiempo que el Leñador de Hojalata se agarraba fuertemente a su cola»[99]. Incluso finalmente, nuestro León bonachón terminará siendo ni más ni menos que el Rey de los animales tras matar a la temible araña[100].

---

[94] *Ibidem*, p. 108.
[95] *Ibidem*, p. 112.
[96] *Ibidem*, p. 138.
[97] *Ibidem*, p. 180.
[98] *Ibidem*, p. 118.
[99] *Ibidem*, p. 131.
[100] *Ibidem*, pp. 229 y 230.

Realmente en todos los casos los personajes tienen las capacidades que buscan, aunque las descubren a lo largo del camino, lo que nos habla de la importancia del proceso de aprendizaje y de autoconciencia que conlleva su viaje marcado por las baldosas amarillas.

Pero dicha búsqueda también nos indica la relevancia que tiene para las personas tener un nombre con el que identificar su carencia, deseo o identidad. Eso es lo que ocurre al final del cuento, cuando el farsante Mago para contentarlos le da simbólicamente a cada lo que querían y entonces se sienten reconocidos e identificados con cada cualidad buscada. De este modo, adquiere relevancia ponerle nombre a las cosas, como bien señaló Hobbes[101], para identificarnos, saber quiénes somos y ser partes de una historia (story)[102].

Esta reivindicación nos acerca a ciertos debates sobre las identidades de hoy en día, pero lo hace sin tener que caer en culturalismos fuertes que supongan separaciones y divisiones, pues por el contrario en este caso el ir juntos y reconocerse van de la mano. No siempre una política de reconocimiento tiene que conllevar necesariamente la búsqueda del aislamiento, la pureza o la exclusión del otro. Caben más alternativas[103].

Tras este recorrido por los amigos de Dorothy, llegamos a la protagonista del cuento. No es baladí que sea una niña, en el doble sentido de ser una persona de pequeña edad, muy joven, y que sea mujer[104]. Sobre lo primero no me detendré ahora pues lo dejo para más adelante cuando comparemos diferentes obras fantásticas entre sí y hablemos de la literatura infantil y la cultura popular. Solo destacar lo importante que es

---

[101] Hobbes, Thomas, *Leviatán. O la materia, forma y poder de una república eclesiástica y civil* (México: Fondo de Cultura económica, 1992).

[102] Sobre la dimensión narrativa del ser humano véanse Aron, Raymond, *Dimensiones de la conciencia histórica* (Barcelona: Página Indómita, 2017) y Hunt, Lynn, *La invención de los derechos humanos* (Barcelona: Tusquets, 2009).

[103] Ejemplo de ello lo tenemos en las teorías políticas de Seyla Benhabib y Amy Gutmann. Véase, Benhabib, *Las reivindicaciones de la cultura* y Amy Gutmann, *La identidad en democracia* (Buenos Aires: Katz, 2008).

[104] Como señala Hearn, Dorothy parece una «¡muchacha del Oeste!». Ver Hearn, «Notes to The Annotated Wizard of Oz», pp. 12 y 13.

para las identificaciones sociales que te hable un igual, lo que permitirá en nuestra novela identificarse a los más jóvenes con los personajes y su historia.

Es muy interesante que sea una mujer quien capitalice y articule el cuento en pleno 1900. Los precedentes a este respecto dentro de este *género fantástico* e infantil no son pocos, destacando muchos de los cuentos de hadas clásicos. Más significativo será el papel jugado por la protagonista que no es una «princesa al uso» caída del cielo, siendo en esto bastante más parecida a la fantástica Alicia de *Alicia en el país de las maravillas,* como veremos de forma precisa más adelante.

El papel que tiene Dorothy como mujer en la novela rompe muchos de los estereotipos femeninos de la época y entronca bien con un movimiento como fue el sufragista. No solo Dorothy es dueña y señora del espacio público, sino que además lo hace siendo el centro de atracción del conjunto de los personajes masculinos que crecen gracias a la determinación de la propia Dorothy. Esa determinación la vemos muy clara ya en el capítulo III cuando Dorothy le pregunta al Munchkins Boq si es muy complicado llegar a Ciudad Esmeralda y este le deja ver que no es un camino fácil y largo teniendo «que atravesar lugares peligrosos y de difícil paso»[105] antes de llegar a su término. Ante esto, la respuesta de Dorothy es meridiana: «esto preocupó a Dorothy, pero como sabía que sólo el gran Oz podía ayudarla a regresar a Kansas, decidió valientemente no volver atrás»[106].

Hoy ya sabemos que esa determinación de Dorothy se apoyaba en una premisa falsa según la cual era el Mago de Oz quién le podía ayudar, cuando no era así. No solo porque era un farsante, como veremos, sino porque este no tiene ni idea de cómo ayudar a la pequeña Dorothy. Quien sí lo podía saber era quién le dio los zapatos plateados, es decir, la buena Bruja del Norte, la cual aún en ese caso no se lo dice porque, tal vez, quiera

---

[105] Baum, *El Maravilloso Mago de Oz*, p. 96.
[106] *Idem.*

que Dorothy lo descubra por sí misma en el viaje iniciático que hará por Oz. Y porque, obviamente, si se lo dijera no habría historia que contar[107].

Con todo, será Glinda, la Bruja buena del Sur, la que finalmente le revelará el misterio de cómo volver a Kansas, ya al final del cuento, lo que nos indica el valor especial que tiene el camino en sí mismo, pues lo más relevante de todo es lo que se descubre y se aprende durante el mismo y lo que este nos enseña a través de sus personajes. Es todo ese recorrido el que le da sentido a la historia contada.

Como decíamos, Dorothy es una niña singular. Sin dejar de perder su ternura, Dorothy se enfrenta a situaciones francamente dolorosas, y más para una infante. Ya su entrada en Oz es de una peculiaridad enorme pues queda relacionada con la muerte. Dorothy, aunque sea de forma involuntaria[108], será la heroína que mate con su casa a la malvada Bruja del Este, liberando así de la esclavitud a todo un pueblo como los Munchkins y quedándose con los mágicos y fantásticos Zapatos Plateados que son la clave para su regreso.

Del mismo modo, para poder cumplir su deseo de volver a Kansas la prueba que ha de superar Dorothy, a propuesta del Mago, es la de matar a la malvada Bruja del Oeste, cosa que ella obviamente no quiere. Como le dice Dorothy a sus tres amigos en presencia del Mago: «supongo que debemos intentarlo; pero de lo que estoy segura es de que yo no quiero matar a nadie, ni siquiera para volver a ver a tía Em»[109]. Esto habla de la firmeza de sus principios y también de su fuerza y coraje.

Pero pese a dicha voluntad, finalmente sí la matará, aunque sea sin querer. Y es arrojándole un caldero de agua a la malvada Bruja del Oeste

---

[107] Quien seguro que no lo sabían eran los Munchkins, quienes señalan que «hay un encantamiento mágico ligado a ellos [los zapatos], pero no sabemos cuál es». Véase, *Ibidem*, p. 89.

[108] Hearn, «Notes to The Annotated Wizard of Oz», p. 12. Y como le dice Dorothy a la Bruja del Norte cuando esta le da las gracias por matar a la malvada Bruja del Este: «Eres muy amable, pero aquí debe haber algún tipo de error. Yo no he matado a nadie». Y le respondió la Bruja: «Pues lo ha hecho tu casa y eso viene a ser lo mismo». Baum, *El Maravilloso Mago de Oz*, p. 86.

[109] *Ibidem*, p. 163.

como Dorothy, estando atrapada y siendo prisionera de la bruja, consigue derretirla y acabar con su vida. Incluso cuando lo hace, se disculpa, diciendo «lo siento mucho, de verdad», a lo que la bruja le responde: «¿No sabias que el agua acabaría conmigo?» y a lo que Dorothy responde: «Por supuesto que no, cómo iba a saberlo»[110]. Aun así, el remedio fue fulminante, pues tras ser empapada con agua «la Bruja se derrumbó convertida en una masa marrón, derretida, informe y empezó a extenderse por los limpios tablones del suelo de la cocina»[111]. Y al hacerlo, nuevamente Dorothy vuelve a liberar por segunda vez a otro pueblo de la esclavitud, en este caso a los del Oeste, los Winkies[112].

Ya vemos aquí, por tanto, como el mal —matar a alguien— es algo que estará presente incluso en la propia heroína, rompiendo además así con la idea bucólica y sobre todo romántica de muchos cuentos de hadas, modernizándolos tal y como Baum pretendía hacer. Una heroína que simboliza la libertad pues ha liberado de la esclavitud a los dos pueblos sometidos en Oz, primero al Este y finalmente al Oeste.

Es así como Dorothy representa seguramente el valor y la emoción más importante de toda la novela: la esperanza. Dorothy casi sin buscarlo liberó a dos pueblos de su esclavitud siendo la esperanza de aquellos. Aunque donde Dorothy se convierte en una señal de esperanza por sus propios actos voluntarios es para con sus amigos. Ella será la persona capaz de vehiculizar a los demás y dar esperanza a quienes estaban desesperanzados tal y como estaban el Espantapájaros, El Leñador de Hojalata y el León Cobarde. Es la confianza que ella genera y su capacidad empática y de compasión la que permite que cada uno se ponga en el lugar del otro e incluso sienta el dolor del otro para que juntos se encaminen a solventar los problemas y a llevar a cabo un viaje de desarrollo interno de sus capacidades[113].

---

[110] *Ibidem,* p. 177.
[111] *Idem.*
[112] *Ibidem,* p. 178.
[113] Hearn, «Notes to The Annotated Wizard of Oz», p. 13.

Hasta tal punto es así que en el campo mortífero de amapolas los tres le salvarán la vida a Dorothy en unos de los actos de amistad y solidaridad más bonitos de la novela. Como dirá el León, si la dejamos aquí dormida, morirá. «El olor de las flores nos está matando a todos. Ni siquiera yo puedo mantener los ojos abiertos»[114], cosa que no afectaba ni al Leñador ni al Espantapájaros porque no eran de carne. Ante lo cual el Espantapájaros responde al León: «date prisa y sal corriendo de este manto mortal de flores tan rápido como puedas», proponiéndole al Leñador que hicieran «una silla con nuestras manos y llevemos» a Dorothy a lugar seguro[115]. Y así hicieron y «caminaron y caminaron y parecía que la enorme alfombra de flores mortíferas que les rodeaba no acabaría nunca»[116], hasta que llegaron lejos del campo de amapolas para que así dejara de respirar veneno y pudiera salvarse, como así fue.

Por su parte, el León Cobarde no consiguió salir de la dormidera del campo de amapolas, pero no podían recogerlo porque les faltaba fuerza para ello, aunque de nuevo su valentía y solidaridad les ayudó. Esta vez es el Leñador quien con su hacha le salvó la vida a un «pequeño y gris ratón»[117] de las fauces de un gato salvaje, el cual para recompensarles les concedió un deseo que no fue otro que salvar al León del campo de amapolas. Todo un ejercicio de solidaridad en defensa del más débil que enmarca bien el valor de la solidaridad que mueve a los protagonistas buenos del cuento[118].

De este modo vemos como Dorothy canaliza una idea de esperanza y solidaridad que, partiendo de lo pequeño, de lo cotidiano, de la relación de amistad y solidaridad para con sus amigos, forja una idea sólida de desarrollo humano que tendrá repercusión no sólo sobre ellos, sino sobre el conjunto de Oz liberando a dos pueblos de la esclavitud. Un desarrollo

---

[114] Baum, *El Maravilloso Mago de Oz, p. 135.*
[115] *Idem.*
[116] *Ibidem*, p. 135-136.
[117] *Ibidem*, p. 137. Realmente ese ratón era la reina de todos los ratones. *Ibidem*, p. 138.
[118] Incluso los monos alados sintieron compasión por Dorothy debido al beso que le había dado la Bruja del Norte a nuestra protagonista al inicio de la aventura. Ver *Ibidem*, p. 171.

humano que emergiendo de lo concreto y lo particular es capaz de aunar fuerzas más amplias de cara a un cambio o a una mejora de nuestra vida en común, en el sentido en el que hablara Nussbaum[119]; un desarrollo humano que se expresará como una forma de esperanza humanista, y que hoy diríamos democrática, que no desprecia lo pequeño y que sin renunciar a lo grande llegará a este a través de aquel[120].

De la misma manera, esta forma de entender la relación entre los protagonistas, los ciudadanos diríamos nosotros, se caracteriza por la búsqueda de unos fines hacia los que se dirigen, los cuales terminan modulando a las personas. El viaje emprendido es importante precisamente porque los transforma tras haberlo recorrido. Después de este, ya nada será igual, ni siquiera ellos mismos. Es verdad que en la relación entre los cuatro está presente la búsqueda del beneficio mutuo, no lo niego, como ocurre habitualmente en el contractualismo y el *neocontractualismo*[121]. Pero también lo es que hay algo más que está por encima de lo anterior: buscar una meta común que integre las distintas partes y sus propósitos. Esto hace que lo que se dé sea, cuanto menos, un *neocontractualismo* peculiar, sí es que puede calificarse como tal, en el que florecen las capacidades humanas vinculadas a los fines que mueven a los protagonistas.

En este sentido, va más allá del *neocontractualismo* al uso ya que para que la relación entre todos fluya se necesita del ejercicio de ciertas emociones compartidas, en este caso la empatía y la compasión, abriendo la posibilidad de un acuerdo igualitario y solidario en donde la esperanza hace de nexo. Y no es casual que sean la empatía y la compasión las emociones y los valores que vertebran esta esperanza, pues son estas también las que dan sentido, como veremos más adelante, a la esperanza democrática.

Todos los protagonistas que hemos visto parecen exclusivamente buenos, pero no olvidemos que Dorothy para alcanzar su meta tiene

---

[119] Nussbaum, *Las fronteras de la justicia*.
[120] Dubet, François, *La época de las pasiones tristes* (Buenos Aires: Siglo XXI, 2020).
[121] Nussbaum, *Las fronteras de la justicia*, p. 164.

que matar y lo hace. Por tanto, hay grises. Los grises y los colores están por toda la obra.

Probablemente el personaje más patético y siniestro de todos sea el Mago. Realmente de él no sabemos mucho hasta descubrir toda su farsa. Es nombrado como «un buen mago», aunque no está claro que fuera una «buena persona»[122], que tiene mucho poder[123] y con un aspecto verdaderamente feo y asustadizo. Significativo es que de todos los personajes que salen en el cuento, solo sean humanos tanto el Mago como Dorothy rodeados todos ellos o bien de animales, o brujas u otros tipos de seres pero no humanos[124] Que ellos sean los únicos humanos de la novela no es baladí para el significado del conjunto de la misma y del proceso de humanización que una protagoniza y de deshumanización que practica el otro. Expresión clara de la complejidad humana que Baum nos quiere relatar, aunque a la postre y por suerte tendrá más peso el papel jugado por Dorothy.

Pese a que hasta el descubrimiento de su mentira no se describe la cara del Mago, su imagen es a priori temible, con una cabeza sin cuerpo y mostrando mucho poder pues se encuentra sentado en un trono como si fuera todo un rey, según los dibujos de Denslow. Por tanto, de primeras es un señor que produce mucho miedo y al que todos temen[125]. Es más, no muestra compasión alguna pidiéndole a nuestros amigos que maten sin dilación a la Bruja Malvada del Oeste si quieren obtener sus propósitos, regocijándose el propio Mago en que «no hace nada a cambio de nada»[126] lo que dice a las claras de su perspectiva interesada y utilitarista.

---

[122] Baum, *El Maravilloso Mago de Oz*, p. 90.

[123] *Ibidem*, pp. 156 y 158.

[124] Gracias a Alexander Tato, miembro del seminario, por su comentario a este respecto. Igualmente, a Álvaro Cabrerizo y Francisco Corbacho por sus acotaciones a este respecto, así como a los demás miembros del seminario por sus sugerencias sobre este menester. Chantal Caballero, Aldana Bini y Brenda Peralta hicieron hincapié en la respuesta al antipoliticismo de la novela, Guillermo López nos recordó el sentido político de otras obras similares, incluido Tintín, y Carlos Aguilar se centró en la crítica a la deshumanización.

[125] *Ibidem*, pp. 155, 159 y 198.

[126] *Ibidem*, p. 156 y pp. 156-159.

En fin, que antes de ser descubierto es el representante genuino de la omnipotencia: un ser todopoderoso implacable y sin alma[127]. Pero como sabemos, todo esto es una farsa montada por el Mago para atemorizar al pueblo, engañarlo y vivir del cuento. Y de nuevo, son Dorothy y sus amigos quienes nos desvelan, por casualidad, esta comedia mostrando cómo el supuesto poder está realmente vacío de contenido y de sustancia. Cuando se rasca no hay nada de enjundia por detrás: es pura apariencia, formalidad y autoritarismo vacuo en su interior, aunque muy dañino para la vida de sus ciudadanos pues los tenía atemorizados, fraguando todo su poder sobre la mentira. Dicho en términos de hoy, es puro fake. Una farsa montada sobre una tecnología más bien aparente y de una simpleza enorme[128]. Es un buen representante del tecno populismo más básico y locuaz de los tiempos actuales, aunque con el lenguaje y los modos de 1900, claro está[129].

Su engaño queda desvelado incluso en el nombre que le da Baum, quien lo califica como «wizard» y no como «magician»[130]. «Wizard» remite a un sabio, como su propia raíz etimológica indica, mientras que «magician» se refiere a un puro ilusionista[131]. Nuestro Mago es fake hasta en su denominación porque de sabio («wizard») no tiene nada y sí mucho de mero ilusionista. Así ocurre que es una farsa que dura solo mientras el engaño funciona, pero una vez que ha sido descubierto ya no tiene fuerza narrativa ni política[132]. De hecho, una vez descubierto,

---

[127] *Ibidem*, pp. 149 y 193.

[128] *Ibidem*, pp. 194 y 197.

[129] LLanos, Héctor, «Entrevista a Klayman sobre Banon» en *El País,* 9 de abril de 2019 (https://elpais.com/cultura/2019/04/07/doc_and_roll/1554662827_710346.html?event_log=oklogin).

[130] Baum, L. Frank, *El Mago de Oz/The Wizard of Oz*, Clásicos Bilingües (Barcelona: Plutón, 2018).

[131] AA.VV, *The Oxford Dictionary of English Etymology* (Oxford: Oxford University Press, 2015).

[132] De ahí la importancia del concepto de verosimilitud más que el de verdad que es clave para el éxito de la narración (y de la política). Para esta cuestión, véase Gardner, «The Royal Historian of Oz (second of two parts)», p. 66.

en vez de rendir cuentas, lo que hace es huir en globo en una actitud cobarde y llena de egoísmo[133].

Aun así, el Mago es visto como una persona sensata y prudente que ante tanta vacuidad decide no aferrarse al poder reconociendo su incapacidad para seguir gobernando y optando por marcharse. Menos mal. Una salida que permite sentir lástima hacia él. Hay que decir, que hasta en esto, nuestros protagonistas actúan humanitariamente no mostrando venganza alguna ante su impostura.

Hablamos, por tanto, de un Mago mentiroso, falso y corrupto que encaja muy bien con la crítica progresista a la política, quedando desvelados sus abusos, aunque no por ello se niega la necesidad de la buena actividad política y del buen gobierno. No por casualidad los tres amigos de Dorothy terminan como gobernantes al final del cuento. El Espantapájaros ha sido elegido para gobernar la Ciudad Esmeralda, el Leñador de Hojalata lo ha sido para hacer lo propio en la tierra de los Winkies y el Leon Cobarde acaba de ser proclamado Rey de los animales[134]. Y los tres serán considerados como buenos gobernantes por parte de Glinda cuando afirma que lo harán «buena y sabiamente»[135].

En cuanto a las Brujas decir que en el cuento las hay para todos los gustos: buenas y malas. Como vimos, la Bruja mala del Este muere nada más empezar ya que la mata Dorothy[136]. Y la Bruja Malvada del Oeste también cae a manos de Dorothy. La descripción de la Bruja Malvada del Oeste es claramente la de una persona fea dándose correlación, como en Hyde, entre la fealdad interior y la exterior[137]. Como dice Baum, «la Malvada Bruja del Oeste no tenía más que un ojo y sin embargo era más potente que un telescopio y además podía verlo todo»[138]. Y por dentro

---

[133] Baum, *El Maravilloso Mago de Oz*, p. 196.

[134] *Ibidem*, pp. 240 y 241.

[135] *Ibidem*, p. 241.

[136] De esta bruja también nos habló el Leñador de Hojalata cuando al contar su historia nos relata como la Bruja del Este lo hechizó generándole multitud de desgracias y penas. *Ibidem*, p. 112.

[137] Fernández-Llebrez, *Dr. Jekyll y Mr. Hyde*.

[138] Baum, *El Maravilloso Mago de Oz*, p. 166.

era bastante malvada dominando sus territorios y queriendo dominar también todo Oz a base de esclavizar a los pueblos y tiranizarlos.

Estas brujas y el Mago expresan que en Oz no todo es oro lo que reluce. Oz es un mundo en el que hay multitud de colores, nunca mejor dicho, y en el que ni todo es negro ni rosa. Su paleta es variada[139].

Por su parte, las brujas buenas también son dos, la del Norte y la del Sur. Glinda, la Bruja del Sur, gobierna la tierra de los Quadlings. Es ella la que le da la solución a Dorothy para que pueda volver a Kansas dando tres golpecitos con sus zapatos mágicos[140]. Una solución que, como vimos, siempre ha estado ahí y que nos lleva a hablar de la Bruja buena del Norte, que es quien le «proporciona» los Zapatos Plateados. Realmente la Bruja del Norte no ocupa un lugar importante en la novela, aunque sin ella no hay historia que contar pues es ella la que le dice que inicie el viaje por Oz siguiendo las baldosas amarillas.

De hecho, así lo reconocen los tres amigos al final del cuento cuando afirman que si no hubiera sido por la presencia de Dorothy ninguno de ellos hubiera logrado sus objetivos[141]. Un viaje, como vimos, en el que siendo importante las metas que quieren alcanzar, lo es aún más

---

[139] Los diferentes países de Oz van vinculados a distintos colores, así el Norte, tierra de los Gillikins, es de color morado; el Sur, la de los Quadlings, de color rojo; el Este, la de los Munchkins, de color azul; y el Oeste, la de los Winkies, de color amarillo. Y luego está en el centro de todo, Ciudad Esmeralda, que es de color verde. Una Ciudad Esmeralda en la que todo el mundo lleva gafas verdes y donde parece que todo es alegría y luz, pero realmente hablamos de una distopía pues es gobernada bajo el dominio del farsante Mago que los tiene a todos engañados (véase, *Ibidem*, pp. 138 y ss.). Una Ciudad que se parece mucho a «Un mundo feliz» de Aldous Huxley (1932), aunque debería de decirse al contrario ya que esta es muy posterior a nuestra novela.

[140] *Ibidem*, p. 242.

[141] *Ibidem*, p. 241. Ejemplo de ello lo tenemos cuando leemos la respuesta de los amigos de Dorothy al comentario hecho por Glinda al final del cuento cuando ella le dice a Dorothy que sus zapatos plateados le transportarán a Kansas y que si lo hubiera sabido habría vuelto el primer día a casa. La respuesta de los tres amigos a esto es contundente: «¡Pero entonces yo no habría conseguido mi maravilloso cerebro!», contestó el Espantapájaros. «Y yo no habría conseguido mi adorable corazón», le dijo el Leñador de Hojalata. «Y yo habría vivido siempre siendo un cobarde», afirmó el León Cobarde. Véase, *Idem*.

el propio camino que se realiza en el que las personas se transforman durante el mismo, así como la fortaleza moral que les permite llevar a cabo dicho viaje.

Es esta fuerza ética la que nos permite descubrir el sentido político del cuento sintetizado en la esperanza que representa Dorothy para los demás, siendo ella quién une, o en su defecto separa, a las distintas partes conformando un proyecto común.

5

EL MARAVILLOSO MAGO DE OZ Y EL CAMINO A LA ESPERANZA: POLÍTICA Y PERSPECTIVA

INCERTIDUMBRE, VULNERABILIDAD Y ADVERSIDAD EN *EL MARA-VILLOSO MAGO DE OZ*

Como indicábamos en *Esperanza y democracia*[142], la raíz etimológica del vocablo esperanza queda relacionada con la «espera»[143], en el doble sentido que tiene dicha palabra. Por un lado, se refiere a «quedarse a la espera», a estar un tiempo de espera. En esta acepción, la espera supone un tiempo de impasse en el que cada uno espera un tiempo que ha de dejar pasar y que no controla en plenitud mostrando nuestra fragilidad como seres humanos. Y de nuevo en esto, el cuento que analizamos es de una enseñanza supina.

Todos los personajes hacen de la espera una cualidad pasada y presente. Todos esperaron hace tiempo para salir de su impasse actual y sobre todo todos esperan a realizar su viaje con paciencia y tesón para salir airoso de su actual circunstancia. Tanto el León Cobarde, como el Espantapájaros, como el Leñador de Hojalata se recrean en el aprendizaje diario que van adquiriendo conforme avanza la historia. De hecho, de forma palpable cada personaje va avanzando momento a momento en todas sus supuestas carencias tal y como ya hemos indicado.

---

[142] Fernández-Llebrez, Fernando, *Esperanza y democracia en tiempos difíciles. La crisis actual de la democracia pluralista* (Madrid: Imprimelibros, 2025), p. 9 y ss.

[143] Han, Byung-Chul, *El espíritu de la esperanza* (Barcelona: Herder, 2024), p. 17.

Por otro lado, la espera se refiere también a que se «espera algo»: se espera alcanzar algo que ahora no se tiene. Remite al deseo de modificar una realidad que no gusta y se desea que cambie hacia una situación mejor. Conlleva, en fin, una conexión con el futuro al depositar en este la esperanza de que la actual realidad mejore actuando como acicate y fortaleza para vivir nuestro presente.

Es una disposición hacia lo que no está, pero que se desea que se dé dándonos fuerzas e ilusión para continuar nuestro viaje. En este sentido, la esperanza siempre remite a un momento de novedad y apertura que deja inexorablemente las cosas en el aire; nos habla de un futuro abierto que no controlamos del todo[144]. Y de nuevo en esto, nuestra obra es un ejemplo de ello, pues lo que mueve a sus protagonistas es alcanzar un objetivo o meta. Tienen confianza en que juntos y con Dorothy lo pueden alcanzar, pero no tienen la seguridad de ello pues la incertidumbre del proceso es alto. Sin ese objetivo vigoroso no se lanzarían a una aventura incierta y sin la capacidad de empatía y de compasión que le transmite Dorothy, mostrándoles como ponerse en la piel del otro, comprenderlo y darle confianza, no se hubieran sumado ni al viaje ni a la hazaña de la propia Dorothy por lo difícil que era el empeño[145].

Junto a este doble sentido de la espera, la esperanza nos habla de una emoción que implica «valorar un resultado juzgándolo importante [...], que el resultado sea incierto y [que el sujeto carezca] prácticamente de control alguno sobre el resultado»[146]. La esperanza cobra sentido cuando cuestiones importantes para nosotros y nosotras están difíciles y complicadas y no sabemos de su resultado final. Es una emoción que actúa contra las dificultades, contra las adversidades en momentos de incertidumbre y, por momentos, desesperados[147].

Si analizamos nuestro cuento apreciamos que tales circunstancias se dan.

---

[144] Fernández-Llebrez, *Esperanza y democracia*, pp. 59 y ss.
[145] Baum, *El Maravilloso Mago de Oz*, p. 241.
[146] Nussbaum, *La monarquía del miedo*, p. 233
[147] Han, *El espíritu de la esperanza* y Holloway, John, *Esperanza en tiempos de desesperanza* (Madrid: El Viejo topo, 2024).

Los personajes se encuentran ante una situación de *adversidad notoria*, dificultosa en varios momentos (salir de Oz, conseguir sus metas, enfrentarse al Mago y a las Brujas,....) y que es muy importante para sus vidas. Necesitan alcanzar esas metas para poderse realizar. Y porque lo que tienen delante es importante para ellos, se lanzan a la aventura de alcanzar dichos propósitos con la esperanza de conseguirlo, siendo Dorothy la persona que canaliza dicho deseo.

Y además Dorothy es muy joven, siendo probablemente la menor de los protagonistas[148]: es una cría capaz de echarse a sus hombros los deseos de los otros y a través de la empatía y la compasión intentar conseguir sus objetivos, aun sabiendo de la dificultad y de la poca certeza de su empeño. Pero ahí está su fuerza. En esto hemos de aprender de Dorothy y ser capaz de dejar llevarnos de su mano tal y como hicieron el Espantapájaros, el Leñador de Hojalata y el León Cobarde.

Esta circunstancia que nos encontramos en la obra también la tenemos en el contexto de su época que conecta con un momento de adversidad importante y que tuvo como respuesta ante dicha crisis una salida democratizadora como la que representó la era progresista, tal y como antes hemos visto. E igual momento de adversidad estamos viviendo hoy en día donde la incertidumbre y la falta de certeza en estos tiempos convulsos actúan contra nuestras democracias liberales que se ven asoladas por fuerzas que la cuestionan y la dejan desprovista de resortes. Por eso es importante valorar y darle valor a la democracia si queremos que la esperanza en la democracia crezca. Sobre ello me detuve en mi reciente trabajo sobre la *Esperanza y democracia* por lo que no me extiendo mucho aquí[149].

Como hemos dicho, la esperanza conlleva reconocer un notable grado de *incertidumbre* ante lo que vendrá. La incertidumbre y la esperanza son dos realidades relacionadas que pueden y deben convivir por-

---

[148] Hearn, «Notes to The Annotated Wizard of Oz», p. 14. Hablamos de una cría que tendrá entre los 5 o 6 años, como señala Hearn. Ver Hearn, «Notes to The Annotated Wizard of Oz», p. 35.

[149] Fernández-Llebrez, *Esperanza y democracia*, pp. 60 y ss.

que, de lo contrario, nos sería imposible avanzar porque si esperamos a acabar con la incertidumbre para tener esperanza, entonces, nunca podremos tener esperanza en y de algo, pues no solo es imposible, sino que es la esperanza la que nos puede dar la suficiente seguridad y confianza como para actuar en estos tiempos inciertos[150]. Y en esto Dorothy es ejemplar. Es ella la que posibilita que diferentes actores, que estaban inactivos y/o semi muertos, cojan vida, se pongan en activo y se junten en pro de una meta común.

Es verdad que la esperanza no es sinónimo ni de optimismo ni de pesimismo[151], ni tampoco tiene que ver con la probabilidad del éxito y menos aún con la fiabilidad de su resultado, tal y como certeramente señala Nussbaum[152]. Pero la esperanza necesita de algún hilo de luz por el que salir, de un tipo de incertidumbre determinada por la que emerger o de lo contrario no podrá florecer[153].

Dicho en palabras de Nussbaum, «la esperanza no depende de un cálculo de probabilidades y de hecho es bastante independiente de cualquier actitud relacionada con lo probable que el resultado sobre el que se tiene esperanza sea o deje de ser. Pero "bastante" no significa "totalmente". Necesitamos creer que las cosas buenas en las que tenemos depositadas nuestras esperanzas tienen una probabilidad auténtica de hacerse realidad si aplicamos a ello nuestros esfuerzos de imperfectos mortales. Si pensamos que la justicia solo es posible en el cielo, estaremos inhibiendo todo esfuerzo por nuestra parte para conseguirla en esta vida»[154].

La esperanza nos deja expectante ante lo que pueda venir siendo imposible su pleno control, por lo que es inevitable que la *vulnerabilidad* forme parte de su narrativa. La esperanza reconoce la necesidad que tenemos de recurrir unos a otros para salir airosos de la situación complicada ante la que uno se enfrenta.

---

[150] *Idem.*
[151] Han, *El espíritu de la esperanza,* p. 19.
[152] Nussbaum, *La monarquía del miedo,* p. 232.
[153] Fernández-Llebrez, *Esperanza y democracia,* p. 62.
[154] Nussbaum, *La monarquía del miedo,* p. 243.

En todos estos sentidos, la esperanza nos hace más humanos al tener que mirar a los otros para salir victoriosos del envite. Porque somos vulnerables requerimos de la ayuda de otros para poder afrontar ciertos retos. Y nuevamente en esto la relación entre los cuatro protagonistas es un ejemplo crucial de todo ello: de los más bellos que ha dado la literatura universal.

Nos pueden servir y ser muy útiles las palabras de Nussbaum sobre John Stuart Mill y Walt Whitman para detectar el sentido humanista de *El Maravilloso Mago de Oz*. Según Nussbaum estos autores —y nosotros añadiríamos también a Dorothy y sus amigos— proponen un tipo de esperanza y «sociedad que reconozca su propia humanidad y que no nos oculte de ella, ni a ella de nosotros: una sociedad de ciudadanos que admitan que tienen necesidades y son vulnerables, y que descartan las grandiosas demandas de omnipotencia y completitud que han permanecido en el corazón de tanta miseria humana, tanto pública como privada [...] Lo que estoy proponiendo es una sociedad en la que tales ficciones autoengañosas no dominen el derecho, y en la que —al menos en la creación de las instituciones que moldean nuestra vida en común— admitamos que somos niños y que en muchos sentidos no controlamos el mundo»[155].

Unas palabras que complementaría Martha Fineman al señalar que la vulnerabilidad en la política expresa «un sujeto más complejo alrededor del cual construir políticas sociales y derechos, que reemplaza al sujeto autónomo e independiente de la tradición liberal y es más representativo de la experiencia vital humana»[156]. Difícil es encontrar una definición que encaje mejor con nuestro cuento que estas palabras de Nussbaum y Fineman sobre la vulnerabilidad humana como rasgo universal de nuestra vida y esperanza compartida.

Otro elemento característico de la esperanza es que para que esta surja se precisa de cierto grado de *sufrimiento*, de insatisfacción y/o de

---

[155] Jimena, *Las relaciones entre el derecho y la literatura*, p. 141.
[156] *Idem.*

indignación con lo que hay[157]. Porque lo que existe nos produce malestar y nos genera dolor es por lo que la esperanza aparece como posibilidad para acabar con ese mal momento. Esa insatisfacción profunda nos da fuerza para tener esperanza en alcanzar un futuro mejor.

La esperanza se alimenta del coraje cívico que puede emerger en tiempos de incertidumbre, dolorosos y «tristes». Y de nuevo en esto hay paralelismo entre los tiempos actuales, donde hay dolores repartidos entre muchos sectores sociales, y lo ocurrido en nuestra novela. Porque el Espantapájaros, el Leñador de Hojalata, el León Cobarde y Dorothy sufren ante una injusta y dolorosa situación, —incluso en el ámbito más personal, pues son malestares individuales, ya sea la búsqueda de alguna cualidad o la querencia por volver a Kansas—, es por lo que pueden juntarse y tener la esperanza de salir airosos de dicha circunstancia.

Y, por último, está la relación que plantea Nussbaum entre la esperanza y el *miedo* en la que ambas forman parte de un mismo vaso comunicante. Como bien indica Nussbaum, la esperanza es pariente «cercana (o el reverso de la moneda) del miedo«[158]. Mientras que el miedo nos lleva a pensar en el mal resultado del problema al que nos enfrentamos, la esperanza nos permite imaginar su posible buen resultado. En un caso, el vaso se ve medio vacío y en el otro medio lleno. Esto significa que son categorías relacionadas pero contrapuestas, de tal modo que el ascenso de una supone el descenso del otro y viceversa[159].

Pero esta relación no se da con cualquier tipo de miedo. No es el *miedo racional* el que se ve afectado por este proceder. El miedo con el que la esperanza queda emparentada cual reverso de la moneda es uno de carácter *infundado, asustadizo y paralizante* donde la sinrazón ocupa un lugar privilegiado; es decir, hablamos de un miedo que nos bloquea, que tiende a proyectarse hacia los demás, que va cargado de una profunda angustia y malestar y que nos atenaza impidiéndonos pensar con calma y sosiego.

---

[157] Nussbaum, *La monarquía del miedo*, p. 233.
[158] *Idem.*
[159] *Ibidem*, p. 235.

Este *miedo bloqueante y paralizante* es un veneno que contamina negativamente nuestra vida y ante el que necesitamos dotarnos de antídotos si queremos salir airosos. La esperanza es un buen y necesario antídoto al generar confianza en un futuro mejor y contrarrestar la parálisis y la angustia que dicho miedo despliega. Así a mayor esperanza, menor *miedo paralizante*. Puesto que actualmente vivimos tiempos en donde este tipo de miedo y sus angustias están muy presentes, generándose lo que António Costa ha calificado como «sociedades atascadas»[160], cabe afirmar que es necesario e importante reivindicar la esperanza si queremos salir de dicho atolladero.

E igual que pasara con anteriores puntos, esta esperanza y este miedo forman parte de nuestro maravilloso cuento. Así lo constatamos, por ejemplo, cuando Dorothy se ve obligada a dejar su mundo por un tornado que le saca de su realidad, sintiendo una angustia y un miedo que se mete dentro de su persona y que no es sencillo sacárselo de encima aunque sí sea necesario. Eso es lo que consigue la actitud esperanzadora de Dorothy que genera confianza en sí misma y hacia los demás convirtiéndose en un buen antídoto contra el miedo que ella y sus amigos sienten. En este sentido, es paradigmático el caso del León Cobarde que lo representa de manera evidente, así como su superación.

No obstante, si queremos que la esperanza sea ese antídoto contra ese *miedo paralizante,* esta debe ir acompañada de cierta reflexividad o capacidad crítica como la que busca en este caso el Espantapájaros. Pero también requerirá de una buena y generosa amistad personal o cívica, es decir, de tener buenos afectos para con los demás, que no por casualidad es lo que busca el Leñador de Hojalata[161], para todo lo cual nos hará falta mucho coraje cívico como el que desea el León Cobarde. Sin todo ello es complicado batir o al menos bloquear dicho miedo. Y como acabamos

---

[160] Costa, Antonio, «Entrevista en Hoy por hoy», *Cadena SER*, 5 de mayo de 2025 (https://cadenaser.com/nacional/2025/05/06/angels-barcelo-entrevista-a-antonio-costa-presidente-del-consejo-europeo-cadena-ser/)

[161] Sobre esa capacidad crítica y los afectos habló Nussbaum en Nussbaum, *La monarquía del miedo*, p. 239.

de apreciar todo ello está presente en esta maravillosa obra que escribió Baum. Pero, además, también se precisará de que la esperanza buscada no sea un mero brindis al sol, sino una capacidad práctica y efectiva de lo que será un magnífico ejemplo nuestra entrañable Dorothy. Detengámonos un momento en esta cuestión.

ESPERANZA PRÁCTICA, HUMANISMO Y ÉPICA EN *EL MARAVILLOSO MAGO DE OZ*

Según Francois Dubet, para un cambio social y político disponer de un clima de esperanza es un activo recurrente y deseable[162]. Como bien advirtió Gilbert K. Chesterton en su cita clásica: «los cuentos de hadas son más que verdad: no porque nos digan que existen dragones, sino porque nos dicen que los dragones pueden ser vencidos»[163]. Es decir, que su «verdad», su fuerza y universalidad está en su discurso esperanzador. Esperanza que está muy presente en *El Maravilloso Mago de Oz* y que nos vuelve a relacionar a dicha obra con *El Señor de los Anillos*, otro canto a la esperanza.

En principio, la esperanza es una emoción neutra en la que pueden darse y convivir cosas buenas, malas, regulares, prácticas, fantasmagóricas, etc. por eso es necesario irla diseccionando para ir afinando mejor nuestra argumentación. Lo interesante de nuestra novela es el tipo de esperanza que encarna, una que encaja bien con unos postulados modernistas y humanistas y que hoy calificaríamos como democráticos. Y para llegar hasta ahí, la actitud de Dorothy a lo largo de todo el cuento es clave. Vayamos poco a poco.

En primer lugar, la esperanza a la que se refiere Dubet es una «esperanza práctica» y no una «esperanza ociosa»[164]. Si alguien tiene la espe-

---

[162] Dubet, *La época de las pasiones tristes*.

[163] Realmente la cita no la escribió literalmente así Chesterton, sino que esta es una paráfrasis ya clásica de una cita más larga recogida en su artículo «El Ángel Rojo». Véase, Chesterton, Gilbert K., «The Red Angel» en *Tremendous Trifles*, The Project Gutenberg (en https://www.gutenberg.org/files/8092/8092-h/8092-h.htm#link2H_4_0018).

[164] Nussbaum, *La monarquía del miedo*, p. 236.

ranza de escribir una buena novela o de cambiar el mundo, pero o bien no se pone a escribir o bien está todo el día frente al televisor sin aportar nada más se sitúa en la «esperanza ociosa». Sin embargo, si la esperanza está «firmemente ligada a un compromiso con la acción» revitalizándola, entonces, estamos hablando de una «esperanza práctica»[165].

En segundo lugar, esta «esperanza práctica» tiene como propósito ensanchar nuestra confianza en los demás, lo que nos permitirá conectar con sectores sociales y populares amplios, es decir, con ciudadanos y ciudadanas que en un principio parecían lejanos[166]. Ejemplo de ello en la vida real fue lo que hicieron tanto Nelson Mandela como Martin Luther King a lo largo de sus vidas y de los que algo deberíamos aprender.

En tercer lugar, la «esperanza práctica» tiene que ser capaz de centrarse en el presente y a la vez necesita dotarse de alguna visión de un futuro mejor que nos dé fuerza ya que la esperanza remite a la posibilidad de alcanzar un futuro mejor y distinto. Es preciso recordar que el futuro no tiene por qué ser la mera repetición, proyección o traslación del presente, y menos aún del pasado[167]. Parafraseando la obra clásica de Wolin, la esperanza nos abre una perspectiva de hondo calado y amplitud de miras que nos permite desplegar una *vision* abierta a lo nuevo; una ventana abierta por la que entra la esperanza cargando de fuerza nuestra vida[168].

En cuarto lugar, para alcanzar esta «esperanza práctica» importa mucho el objetivo hacia el que alguien se mueve. Como diría Nussbaum, «las imaginaciones y las fantasías hermosas que dan pie a la esperanza pueden motivar a actuar en pos de ese objetivo que valoramos. Es difícil sostener un compromiso con un esfuerzo o una lucha difícil sin esa clase

---

[165] *Idem.*

[166] Berman, Marshall, *Aventuras marxistas* (Madrid: Siglo XXI, 2002).

[167] Fernández-Llebrez, *Esperanza y democracia.*

[168] Véase Wolin, Sheldon S., *Política y perspectiva. Continuidad e innovación en el pensamiento político occidental (edición ampliada)* (México: Fondo de Cultura Económica, 2012), pp. 39 y ss. En un sentido similar se ha expresado Han en su reciente libro sobre la esperanza (Han, *El espíritu de la esperanza*, p. 66).

de pensamientos y sensaciones vigorizantes»[169]. Solo si el objetivo es verdaderamente valioso y difícil «tendremos motivos para aceptar la esperanza como un valor»[170].

En quinto lugar, está «esperanza práctica» queda relacionada con alguna idea de «creencia terrenal» cargada de límites y contradicciones que se ancla en lo real por lo que no puede pretender alcanzar ni un mundo perfecto ni una justicia perfecta.

Esto significa que esta «esperanza practica» se mueve en el terreno de mejorar lo existente como lugar desde el que avanzar y encaminarse hacia un futuro mejor sin necesidad de tener una idea de bien platónico que la acompañe[171]. Esto le permite conectar con la democracia ya que esta también juega en el campo de la imperfección, posibilitándonos hablar de una «esperanza humanista o democrática». Esta concreta esperanza implica varias cuestiones.

Por un lado, si se quiere activar y conectar con la ciudadanía dicha esperanza suele requerir, aunque no siempre, ir de la mano de una propuesta «en positivo» que vaya más allá del miedo racional, el cual seguirá siendo necesario, pero también insuficiente[172]. Esto no significa que la esperanza sea igual a la propuesta planteada. Son dos categorías diferentes, pero complementarias entre sí, si queremos que los valores humanistas y democráticos cobren protagonismo a la hora de abordar los problemas antes los que nos enfrentamos.

Por otro lado, este tipo de esperanza es una forma de tratar afectuosamente a la ciudadanía[173], lo que significa ver al otro «como alguien plenamente humano y capaz de un mínimo nivel de bondad y de cam-

---

[169] Nussbaum, *La monarquía del miedo*, p. 237.

[170] *Ibidem*, p. 240. Acúdase también a Sen, Amartya, *El valor de la democracia* (Madrid: El Viejo Topo, 2006).

[171] Fernández-Llebrez, Fernando y Villanueva, Neftalí, «Socialismo, movimientos sociales y el mito de la solución definitiva», en Moreno, Jose Luís y Romero, José Manuel (coords.), *Recuperar el socialismo. Un debate con Axel Honneth* (Madrid: Akal, 2022).

[172] Nussbaum, *La monarquía del miedo*, p. 242.

[173] Han, *El espíritu de la esperanza*, p. 29.

bio»[174]. Esto conlleva condenar de forma importante y con indignación, el dolor, el disgusto, el mal o la denuncia del acto cometido sin que por ello condenemos ni linchemos a las personas que los cometen considerándolos como monstruos ni seres malvados sin «solución de continuidad»[175].

Esto supone que, para ello, esta «esperanza humanista o democrática» necesita de dos emociones para ser tal: de la empatía[176] y de la compasión. Es decir, de ser capaz de ponerse en el lugar del otro y de ser capaz de sentir como propio el dolor inmerecido del otro.

Como escribía Nussbaum, por compasión se puede entender un tipo de «emoción dolosa ocasionada por la conciencia del infortunio inmerecido de otra persona»[177]. Hablamos de un proceso que no es automático, «sino un logro que requiere de la superación de numerosos obstáculos»[178]. Finalmente, para sentir compasión serán precisos tres requisitos: i) hace falta algún grado de competencia práctica; ii) se «necesita reconocer que el control absoluto no es posible ni beneficioso y que el mundo es un espacio en el que todos tenemos debilidades y, por lo tanto, necesitamos apoyarnos mutuamente», esto es, que somos vulnerables y no omnipotentes; y iii) «conlleva la capacidad de imaginar cómo puede ser la experiencia del otro»[179], es decir, que requiere del uso de la empatía para su correcto ejercicio. De este modo, la empatía y la compasión quedan relacionadas. Si la esperanza no se ancla en ambas emociones no podrá dar los frutos humanistas que una esperanza democrática requiere.

Y, por último, esta «esperanza humanista o democrática» puede proporcionar también cierta seguridad, confianza y certidumbre a la

---

[174] Nussbaum, *La monarquía del miedo*, p. 247.

[175] *Ibidem*, p. 250.

[176] Para una reflexión sobre la empatía, véase: Simón-Rebelles, Lorena y Fernández-Llebrez, Fernando, «*On the town*: la empatía como elemento de calidad democrática en el pensamiento político de Marshall Berman», *Revista de Estudios Políticos*, 194, (2021), 97-126.

[177] Nussbaum, *Paisajes del pensamiento*, p. 339.

[178] Nussbaum, *Sin fines de lucro*, p. 132.

[179] *Ibidem*, pp. 133 y 134. Es preciso entender la compasión en su sentido clásico y literal de «cum pathos» («sentir con»).

ciudadanía al darnos algo a lo que agarrarnos en tiempos inciertos. Aunque pueda parecer contradictorio, la «esperanza humanista» permite encontrar certezas y seguridades en alguna idea de futuro, tal y como ya señalábamos en *Esperanza y democracia*. Y es que los seres humanos precisan de ciertas certezas y seguridades en la vida para poder pensarse y vivir de una forma tranquila y con cierta proyección de futuro. Saber que si me pongo enfermo hay un hospital al que puedo acudir o que si quiero viajar tengo medios de locomoción de los que puedo disponer con la tranquilidad de que no van a fallar ni faltar, son ejemplos cotidianos de esta relación entre seguridad y futuro que esta también presente en la «esperanza práctica». Una deseable seguridad que no es incompatible, más bien al contrario, con el necesario ejercicio de escepticismo intelectual y el pensamiento crítico que debe acompañar a toda buena teórica política y que hemos de cultivar[180].

Y de nuevo si queremos saber algo más más sobre esta esperanza humanista y democrática es bueno atender a nuestra novela pues en ella encontramos muy buenas pistas sobre qué hacer para que dicha esperanza florezca. Por eso tiene sentido e interés leer y releer este *cuento fantástico* a día de hoy ya que en él encontramos ideas para cada uno de los puntos que hemos ido señalando.

Para empezar, conviene recordar que la esperanza que expresa la novela es un claro postulado práctico que incide sobre la vida de las personas y les ayuda de verdad a salir de sus angustias y atolladeros. Hablamos de un cuento popular cargado de personajes muy populares, muy comunes, y con capacidad para conectarse entre ellos.

La historia nos habla de la forja de una amistad, de crear lazos entre personas diferentes que encuentran la posibilidad de compartir parte de sus vidas entorno a valores básicos y centrales de la vida brotando emociones que les conectan entre sí, siendo Dorothy la que actúa como catalizadora de dicha experiencia. Son personas normales y corrientes que viven una aventura y lo hacen sin dejar de pertenecer a la ciudadanía común y vulgar. *El Mago de Oz* es un cuento popular porque fue muy leído

---

[180] Fernández-Llebrez, *Esperanza y democracia*.

y lo fue porque en su interior hay cierta cultura popular que lo conecta con el público en general.

Del mismo modo, en la novela nos encontramos con la búsqueda de un futuro mejor como una de sus señas de identidad[181]. Todos los protagonistas principales despliegan una idea vigorosa a la que quieren aspirar y que les mueve a actuar. En el Espantapájaros es su búsqueda de la razón, en el Leñador de Hojalata es el afecto y la sensibilidad, en el León Cobarde es el coraje y en Dorothy es volver a casa, siendo ella la que con su fuerza canaliza la esperanza de todos los demás.

Todas son propuestas en positivo que van más allá del miedo como método de activación personal y social, para lo cual tienen que vencer la angustia y el miedo que hasta el momento les ha tenido paralizados ya sea por inseguridad, por falta de energía (o aceite) o por falta de valentía. Y es aquí donde de nuevo la esperanza humanista juega un papel crucial, ya que como vimos esta es el mejor antídoto para combatir ese *miedo paralizante* que nos asusta generando confianza en cada uno de los partícipes y en el conjunto de sus acciones.

Son reiterados los comentarios de Dorothy dando ánimos a sus amigos y produciendo seguridad en cada paso que dan, como hemos visto con anterioridad. Una seguridad y confianza, no obstante, que no resta para reconocer la incertidumbre que rodea sus acciones hasta el final de la obra, aunque paso a paso van aclarándose los objetivos de cada cual ocupando cada uno un nuevo lugar desde el que desarrollar su nueva vida.

En un sentido similar se mueve el juego de relaciones que se da entre las emociones a lo largo de toda la obra. No solo actuará la esperanza, sino que esta lo hará en una dirección determinada lo que es clave para comprender el significado político del cuento.

Así, cómo hemos visto y ocurrirá en la novela, para que la esperanza se convierta en una fuerza humanizadora y democratizadora necesitará de la empatía y de la compasión, cosa que hace a las mil maravillas Dorothy con todos sus amigos. Es ella la que mejor entiende a sus amigos, poniéndose en su lugar y haciendo suya los dolores o padeceres inmere-

---

[181] Baum, *El Maravilloso Mago de Oz*, p. 241.

cidos de sus amigos. Pero no solo ella. El ejercicio de humanización que hace Dorothy y todos los amigos que le rodean es clave para su éxito y una constante al mostrarnos sus vulnerabilidades —la suya y la de sus amigos— lo que le lleva a unirse entre ellos para así poder superar los grandes obstáculos ante los que se tendrán que enfrentar.

Es justamente todo esto lo que Dorothy y sus amigos consiguieron hacer y practicar, de ahí sus complicidades, que consiguieran fraguar dicha amistad y que siguieran a Dorothy en su objetivo común de buscar al temible Mago de Oz y a la Malvada Bruja del Oeste para finalmente derrotarla [182].

Por tanto, aquí tenemos algunas de las enseñanzas que nos deja el camino esperanzador emprendido por Dorothy y sus amigos, simbolizado magníficamente en las baldosas amarillas que le sirven de guía en su viaje. En *El Maravilloso Mago de Oz* encontramos algunas de las teclas que se podrían tocar si queremos que la esperanza y el humanismo democrático se reencuentren de nuevo como ocurrió en buena parte del siglo XX, ya fuera en sus albores o en su segunda mitad. Dorothy representa una buena idea de liderazgo humano y democrático frente a los nefastos hiperliderazgos que hoy pululan tanto por nuestra realidad como por la del farsante Mago de Oz, expresando este una forma de gobernar vacía de contenido y de falta de humanidad.

De este modo comprobamos cómo los elementos que hemos destacado a la hora de caracterizar a la esperanza se encuentran presentes en nuestra obra de manera fehaciente, dándose cierto paralelismo entre la realidad del cuento y lo que nuestra débil democracia de hoy precisa. De hecho, de la misma manera que la esperanza es clave para el avance y desarrollo de la novela, esta se torna necesaria para el desarrollo y avance del proyecto democrático porque sin ella la democracia se queda hueca, como le hubiera pasado a nuestra novela.

De ello nos hablaron los personajes de *El Maravilloso Mago de Oz*, pero también personalidades como los mencionados King o Mandela[183].

---

[182] *Ibidem*, p. 242.
[183] Nussbaum, *La monarquía del miedo*, p. 239.

La esperanza es como el alma de la democracia que alienta y da sentido a nuestro deseo de cambio, y más aún en los momentos de crisis e incertidumbre. Sin ella, a nuestro discurso le falta fortaleza, seguridad y confianza[184], de ahí que debamos cultivarla tal y como Dorothy hizo. Es más, dada la realidad actual, si no somos capaces de vincular esperanza y democracia será muy difícil ganar el desafío ante el que nos encontramos en la actualidad.

Como decíamos en *Esperanza y democracia*, es verdad que la «esperanza práctica» tiene sus peligros ya que puede generar desvaríos sociales tal y como hemos conocido en otros momentos de la historia y del presente. Pero eso no debe llevarnos a su renuncia completa, pues sin ella será complicado que podamos apelar y convencer a otros para implicarse y comprometerse con un cambio democratizador y humanista. Estos riesgos nos obligan a ser conscientes de sus peligros para estar alerta y evitar, corregir o contener sus males y problemas.

Por eso es bueno y necesario volver a leer este fantástico cuento porque alimenta nuestra posibilidad de soñar un mundo mejor y lo hace, como vimos, cargado de realismo y de contradicciones. La esperanza de la que habla nuestro cuento no remite a una utopía en el sentido estricto de un mundo cerrado, perfecto y puro. Más bien hay que verlo bajo el prisma del concepto de *vision* o perspectiva del que hablara Wolin en su ya citado *Política y perspectiva*. *El Maravilloso Mago de Oz* no nos dibuja un mero sueño idílico, sino la posibilidad de un futuro mejor cargado de esperanza, emociones, pensamiento y coraje cívico con todas sus contradicciones en donde el mal es un actor que está presente y al que hay que combatir. Esto es, nos traza un futuro cargado de humanidad.

Bien es verdad que para relatar y alcanzar dicho futuro esperanzador se precisa de cierta *épica teórico política*. Como bien señala Wolin, una teoría épica de la política «se refiere a un tipo de teoría política que se halla inspirada principalmente en la esperanza de conseguir un hecho memorable y grande por medio del pensamiento»[185] en donde «los con-

---

[184] *Ibidem*, p. 227.
[185] Wolin, *Hobbes y la tradición épica de la teoría política*, p. 46.

ceptos, los símbolos y el lenguaje se funden en un gran gesto político hacia el mundo»[186] con el propósito de que algún día la acción se unirá con la teoría, tal como consigue hacer Dorothy con su esperanza humanista.

Para ello, una teoría épica de la política se apoyará en la imaginación y la fantasía cómo dos de los baluartes teóricos que acompañan a la razón a la hora del quehacer teórico. La imaginación política posibilitará «jugar con un mundo que, por lo menos en términos mentales, posee cierto grado de plasticidad» y hará de la fantasía un «espíritu libre, juguetón e imaginativo»[187] crucial para su desarrollo. Es un tipo de razonamiento en el que la ciencia, la teoría, la literatura y la música se relacionan entre sí conformando un mismo espacio epistemológico[188].

Si hacemos un recorrido por todo lo dicho en relación con *El Maravilloso Mago de Oz* constatamos como la teoría épica de la política encaja a la perfección con la esperanza trazada por nuestro maravilloso cuento ya sea por la presencia de la imaginación y fantasía en ella como porque su creación supuso una hazaña teórica de calado modernista y modernizadora que acerca nuestra novela a otros libros teórico políticos a los que no tiene nada que envidiar.

En cualquiera caso, hay que decir que el cariz modernista de la *esperanza humanista* de la que nos habla *El Maravilloso Mago de Oz* lo comprendemos mejor si la situamos dentro de su marco o *frame* literario y cultural, es decir, si analizamos dicha obra también desde su relación con otros cuentos coetáneos a él, lo que nos permitirá entender su unidad narrativa así como algunos de sus rasgos específicos para la cultura popular de su época. Adentrémonos someramente en ello.

---

[186] *Ibidem,* p. 54.
[187] b*Idem,* pp. 107 y 111, respectivamente.
[188] *Ibidem,* p. 108.

6

CONVERSANDO ENTRE CONTRARIOS: CUENTOS DE HADAS, TRADICIÓN E INNOVACIÓN EN *EL MARAVILLOSO MAGO DE OZ*

Para comprender la singularidad de nuestro cuento es preciso situarlo dentro de su contexto literario para ver sus diferencias y similitudes con obras parecidas a ella y más o menos cercanas en el tiempo de su publicación.

La existencia de cuentos populares es una tradición que viene de antaño, de siglos atrás, con un recorrido histórico enorme que se remonta hasta la historia oral y de lo que son un ejemplo notorio obras como *Caperucita Roja, Blancanieves, La bella durmiente, La princesa y el guisante, etc.* Muchos de estos cuentos fueron recuperados en los siglos XVII, XVIII y XIX por autores y autoras tan conocidos como Charles Perrault, Jeannette-Marie Leprince de Beaumont, los hermanos Grimm o Christian Andersen, adaptándolos en la mayoría de los casos y que muchos de nosotros y nosotras hemos leído o conocido en nuestra infancia ya sea directamente o por otras versiones literarias y cinematográficas[189].

En los cuentos de hadas, en su sentido estricto y moderno, nos encontramos con una historia también prolija, aunque con menor recorrido en el tiempo. La historia de los cuentos de hadas se remonta a finales del siglo XVII y principios del XVIII. Detenerse en su historia no

---

[189] Álvarez, Blanca, *La verdadera historia de los cuentos populares* (Madrid: Morata, 2011).

es sencillo ya que es muy larga y variada, no siendo oportuno hacer un estudio detallado de los mismos en este trabajo porque nos alejaría de nuestro objeto de estudio. Es por ello que en nuestro caso solo realizaremos una somera y suficiente aproximación que nos permita situar dichos debates en nuestra investigación ya que suele ser habitual considerar a *El Maravilloso Mago de Oz* como un cuento de hadas.

Un cuento de hadas es una historia ficticia que puede contener en su interior personajes del folclore popular, como las hadas, duendes, elfos, etc, así como encantamientos. Los cuentos de hadas los tenemos tanto en su versión oral como escrita formando parte de las culturas populares y del folclore de diferentes países a lo largo de la historia. No obstante, es verdad que no todos los cuentos populares son cuentos de hadas, como también que no todos los cuentos de hadas vienen de la tradición oral popular, lo cual no quita para señalar que sí hay entre ambos mundos literarios ciertas relaciones y complicidades[190].

De manera común suele identificarse con historias rocambolescas protagonizadas por princesas, aunque no todo cuento de hadas las tiene. De la misma manera no tienen por qué aparecer hadas en su interior para que sea denominados como tales. Es más, en muchísimos de ellos ni unas ni otras forman parte de los mismos. Es por ello que muchas veces son denominados como *cuentos fantásticos* para ser más precisos en su clasificación, cuestión esta que también afecta a la consideración que le podemos dar a *El Maravilloso Mago de Oz*[191].

De forma habitual, los cuentos de hadas y/o *fantásticos* son historias contadas para niños y niñas y jóvenes, es decir, destinadas a un público infantil y juvenil, aunque su fortaleza está en que también son leídas, y con sumo gusto, por la población adulta[192]. De hecho, hay que decir que

---

[190] Tolkien, «Sobre los cuentos de hadas», pp.160 y ss.

[191] Para esta cuestión véanse, *Idem* y Todorov, *Introducción a la literatura fantástica*.

[192] El debate sobre qué es la literatura infantil es largo y prolijo. En nuestro caso entendemos por literatura infantil y juvenil «aquella rama de la literatura dirigida expresamente al público infantil y juvenil —un público en formación que necesita la adecuación del lenguaje y del resto de recursos literarios para facilitar la comprensión— y que contribuye a su educación literaria». Véase, Mínguez, Xavier, «La defi-

los primeros cuentos de hadas estaban destinados principalmente a un público adulto, y en menor medida a los infantes, y que fue a partir del movimiento literario *preciosista* y con los hermanos Grimm cuando dicho género quedó identificado con la literatura infantil. Una identificación que nos permite adentrarnos en el origen de su conceptualización tal y como hoy los conocemos [193].

En su génesis, las obras que hoy consideramos como cuentos de hadas fueron simplemente un tipo de cuento que no conformaban un género literario independiente. Fue con el inicio del Renacimiento que el género empezó a ser definido como tal, siendo los escritores de dicha época quienes empezaron a delimitar el concepto, aunque no fue hasta la llegada del *preciosismo* que dicho terminó se fijó en su sentido contemporáneo. En concreto, la denominación proviene de Madame d' Aulnoy, quien propuso la etiqueta «*contes de fée*» [194] para tales cuentos. A partir de ahí se forjó una escuela conceptual que perdurará en el tiempo que, a su vez, creó nuevas obras *fantásticas*, todo lo cual terminó por asentar su denominación, tal y como ha señalado Tzvetan Todorov en su ya citado *Introducción a la literatura fantástica*. Así nació un género literario cargado de multitud de obras maestras teniendo a uno de sus máximos referentes a *El Maravilloso Mago de Oz*, la cual supuso al mismo tiempo una profunda renovación de dicho género y estilo literario, pudiéndose hablar de *cuento fantástico*. Nosotros usaremos de forma indistinta una u otra nomenclatura pues nada de ello afecta a nuestro objeto de estudio de forma sustantiva. Distinto sería si estuviéramos haciendo un estudio de crítica literaria y no un análisis teórico político y humanístico de una obra literaria, como es el caso.

Como hemos señalado, Baum quería hacer algo diferente con su novela, quería modernizarla creando un tipo de cuento que fuera más

---

nición de la LIJ desde el paradigma de la didáctica de la lengua y la Literatura», en *AILIJ, Anuario de Investigación en Literatura Infantil y Juvenil*, n.º 10, (2012), p. 104. Para un recorrido amplio por los estudios sobre la literatura infantil, véase Román, *Introducción a la Literatura Infantil*.

[193] *Idem.*

[194] D´Aulnoy, Madame, *El cuarto de las hadas* (Madrid. Siruela, 2005).

atractivo para los niños y niñas de su época. Y todo parece indicar que lo consiguió dado el éxito que tuvo en su momento y que perdura hasta nuestros días. ¿Pero en qué sentido *El Maravilloso Mago de Oz,* como obra vista en su conjunto, nos ofrece pinceladas diferentes a los de otros cuentos de su época? Para poder responder a esta pregunta no nos queda otra opción que contraponer nuestro cuento a otros similares de la literatura infantil de su época y así comprobar su especificidad, si es que la hubiera.

Uno de los elementos más característicos de *El Maravilloso Mago de Oz* es que hablamos de un cuento de hadas donde los protagonistas, incluida la principal, son personajes normales y corrientes, sin cualidades fantasiosas especiales, que por su determinación y capacidades consiguen hacerse y convertirse en héroes y heroínas, lo cual dentro de los cuentos de hadas o *fantásticos* no es lo más común. Hablamos de héroes y heroínas que no tienen cualidades extrañas lo que permite que la ciudadanía normal y corriente se identifique con ellos de forma significativa. Es una identificación que nos hace comprender que todos podemos ser protagonistas de nuestras vidas sin necesidad de tener poderes especiales. Son personajes que emanan del *pueblo* y desde ahí se proyectan hacia el resto de la humanidad. En esto, el contraste entre nuestra novela y otros cuentos de hadas es notorio como es elocuente en cuentos populares como *La bella durmiente, Blancanieves, La bella y la bestia* y tantos otros [195], lo que nos permite realizar una primera «criba» a la hora de establecer ciertas comparaciones dejando a un lado por tanto a todo un conjunto de cuentos de hadas que podríamos calificar de «principescos» por sus protagonistas.

En este sentido, *El Maravilloso Mago de Oz* se parece más a, y está más relacionada con, otras obras literarias como *Caperucita Roja* [196] y, sobre

---

[195] Para estos cuentos puede acudirse a Perrault, Charles, *Cuentos completos* (Madrid: Alianza, 2016), Grimm, Jacob y Grimm Wilhelm, *Cuentos de los hermanos Grimm* (Madrid: Alma, 2019) y Andersen, Christian, *Cuentos de Andersen* (Madrid: Alma, 2019).

[196] Perrault, Charles, «Caperucita Roja», en Perrault, *Cuentos completos.*

todo, *Alicia en el país de las maravillas*[197]. La publicación de *Caperucita Roja* está muy vinculada con la recuperación de viejos cuentos populares que fueron adaptados por autores más recientes, como ya hemos dicho. En nuestro caso, nos centraremos en la edición de Perrault ya citada. El caso de *Alicia en el país de las maravillas* es distinto pues hablamos de una obra de nueva creación escrita en 1865 por Lewis Carroll, cargada de un simbolismo tremendo y que tiene una segunda parte titulada *A través del espejo y lo que Alicia encontró allí (1871)*, aunque en nuestro caso nos centraremos en la primera. *Caperucita* y *Alicia*, protagonizadas por dos niñas, junto con otros dos clásicos de la literatura infantil de la época, como son *Peter Pan y Wendy* y *Las aventuras de Pinocho*, protagonizadas en este caso por dos niños, serán nuestras obras de referencia a la hora de buscar los adversarios literarios con los que poner a debatir a *El Maravilloso Mago de Oz*. Detengámonos un momento en todo ello.

Si bien Dorothy, Caperucita y Alicia comparten entre sí que son tres personajes normales y corrientes, podemos apreciar una primera diferencia entre Dorothy y las otras dos en el sentido de que Dorothy no actuará como una «loba» solitaria. En el caso de la heroína de *El Maravilloso Mago de Oz* no hablamos de una sola protagonista ni tampoco de una que actúe de forma individual. Dorothy no solo se pone ella en acción, sino que hablamos de una verdadera agente de acción colectiva y social que consigue poner «en pie y en danza» a un conjunto de personajes que hacen que la narración que caracteriza a *El Maravilloso Mago de Oz* sea una acción colectiva donde prima la relación creada entre los personajes como un elemento central de la dinámica de la novela hasta el punto de que sin dicha acción colectiva el sentido y significado de la misma sería otro.

Esta dimensión colectiva, podríamos decir política, en el quehacer explícito de Dorothy le da un sentido a la novela que no está presente ni en *Caperucita* ni en *Alicia*. Es verdad que en ambos casos hablamos

[197] Carroll, Lewis, *The Complete illustrated Lewis Carroll* (Kent: Wordsworth Editions, 1996) y Carroll, Lewis and Gardner, Martin, *Alicia Anotada. Alicia en el país de las maravillas/A través del espejo* (EpubEditor: York, 2013).

de cuentos con heroínas jóvenes, con niñas que protagonizan sus respectivas novelas y que buscan empoderarse en sus diferentes niveles. Realmente es encomiable la fuerza de Alicia a lo largo de la novela que protagoniza y, por otra parte, el sentido sexual con el que va cargado el cuento de Caperucita y su encuentro con el lobo feroz[198].

Por tanto, la diferencia entre Dorothy y las otras dos heroínas no estará en su deseo de empoderamiento, cosa que comparten, sino en que tanto Alicia como Caperucita actúan como heroínas solitarias ante los peligros que les acechan, mientras que Dorothy es la creadora de una acción colectiva que vertebra la narración del cuento. Es verdad que Alicia teje alguna que otra alianza, pero en ningún momento generará a su alrededor lo que consigue hacer Dorothy. En esto, es notorio que *El Maravilloso Mago de Oz* rompe claramente con *Alicia en el país de las maravillas* y con *Caperucita Roja,* proporcionando una singularidad en la acción que le da una dimensión social y política mayor debido a su capacidad para auricular deseos colectivos. De este modo, cabe afirmar que en el caso de *El Maravilloso Mago de Oz* hay una primacía de la acción colectiva como forma de respuesta política y/o social frente al individualismo que impera en otros cuentos de hadas y populares como por ejemplo los analizados.

Es cierto que las diferencias entre *Caperucita Roja* y *El Maravilloso Mago de Oz* son notables. La *Caperucita Roja* de Perrault, que es la que comparamos, no puede considerarse un cuento de hadas o *fantástico* al uso, tiene un sentido sexual explícito —Caperucita se acuesta desnuda con el lobo— y con un final no feliz —el lobo se come a Caperucita y ya está— que incluye una clara moraleja para adolescentes. Por su parte, *El Mago de Oz* es un *cuento fantástico*, no tiene una alusión explícita a la sexualidad, siendo Dorothy más pequeña que Caperucita, acaba con un final feliz y de forma intencionada no deja moraleja alguna ya que esto era una de las cosas que quería eliminar Baum de los viejos cuentos[199].

---

[198] Todorov, *Introducción a la literatura fantástica.*
[199] Recordar que la versión de los hermanos Grimm de *Caperucita Roja* es bastante más liviana. Para ambos textos ved, más arriba, nota 195.

Qué duda cabe que hay más parecido entre *El Maravilloso Mago de Oz* y *Alicia en el país de las maravillas* que entre estas y *Caperucita Roja*. Para empezar porque tanto *El Mago de Oz* como *Alicia* son obras literarias creadas y escritas en su época ex profeso, por lo que es oportuno ahondar un poco más en la relación entre las dos primeras para detectar si hubiera más similitudes o no entre ellas. Ahondando en ello constatamos que *El Maravilloso Mago de Oz* es diferente de *Alicia en el país de las maravillas* en otros tres sentidos no baladíes. Por un lado, en que sabemos que *Alicia*, de forma explícita tal y como hace Carroll, sí es un cuento onírico, mientras que *El Mago de Oz* no lo es como ya hemos demostrado con anterioridad. Por otro, hay diferencias en su claridad narrativa, de tal modo que la sencillez expositiva de *El Maravilloso Mago de Oz* contrasta mucho con la complejidad narrativa de *Alicia*. De hecho, esta novela cuesta ser leída y comprendida por el público infantil y juvenil mientras que *El Maravilloso Mago de Oz* es de una facilidad pasmosa para dicho público. *Alicia*, escrita unos cuantos años antes (1865), es una novela menos insertada dentro de los estándares de la literatura infantil, mientras que en eso *El Maravilloso Mago de Oz* es más clásica[200]. Y, por último, encontramos diferencias también en el mensaje de esperanza que esta contiene, que da sentido épico a toda la obra y que no aparece en *Alicia*. Por tanto, si bien hay ciertas similitudes entre ambas obras maestras, detectamos también disimilitudes que le dan a cada una de ella su propia especificidad.

Siguiendo un orden cronológico nos encontramos con otra obra infantil con la que se suele comparar a *El Maravilloso Mago de Oz*, como es *Las aventuras de Pinocho*, escrita unos veinte años antes y en la que es oportuno detenerse para ver sus contrastes. Como es sabido, *Las aventuras de Pinocho* versa sobre una marioneta de madera que acaba convirtiéndose en humano y que cada vez que miente le crece la nariz. *Las*

---

[200] Precisamente por ello, sí hubo una versión para niños y niñas de *Alicia* escrita en 1890 titulada *Alicia para los pequeños*. Ver: Carroll, Lewis, *Alicia para los pequeños* (Zaragoza: Editorial Luís Vives, 2015). Para la comparativa entre *El Mago de Oz* y *Alicia*, véase: Gardner, «The Royal Historian of Oz (first of two parts)», p. 76. Para las diferencias entre Dorothy y Alicia y como la primera no es una chica inglesa como sí lo es la segunda, véase Hearn, «Notes to The Annotated Wizard of Oz», pp. 12 y 13.

aventuras de Pinocho fue una novela escrita por Carlo Collodi, ilustrada por Enrico Mazzanti y publicada en un periódico italiano —«Giornale per i bambini»— entre 1881 y 1883, por lo que hablamos de una novela por entregas[201]. Aunque fue publicado en una revista para niños y niñas pudiera pensarse que no fuera inicialmente un cuento infantil por su crueldad. Su protagonista Pinocho, descrito por Collodi como bribón y diablillo, se deja llevar por malas compañías siendo irrespetuoso hasta con Gepetto, su creador en la novela. Que la historia se acerca a una tragedia lo corrobora el final del cuento original que acaba con el asesinato de Pinocho ahorcado en una encina por sus enemigos el Zorro y el Gato[202]. *Pinocho* es un cuento que ha sido interpretado de muy diferentes maneras siendo visto como una historia contra la esclavitud, pasando por ser un reflejo de la moral burguesa del momento, hasta ser considerado como una novela de aprendizaje.

Si comparamos a *Pinocho* con *El Maravilloso Mago de Oz* constatamos algunas similitudes como la rebeldía de sus protagonistas o que ambos cuentos pueden ser leídos como un canto contra la esclavitud. Pero se detectan aún más ciertas diferencias. Entre estas, en primer lugar, está que *Pinocho* es una historia bastante menos coral que la obra de Baum. Es cierto que en la novela hay más de un protagonista, como son Gepetto u otros personajes, pero no llegan a la potencia colectiva que tienen los amigos de Dorothy lo que le da un sello menos colectivo a la aventura vivida, algo que está recogido incluso en el propio título del cuento. En esto, la novedad de *El Maravilloso Mago de Oz* es notable frente a los precedentes analizados y también lo será ante algunas obras posteriores como *Peter Pan y Wendy*, sobre la que hablaremos enseguida.

En segundo lugar, que esto ocurra no es casual ya que está relacionado con el papel jugado por los distintos protagonistas de ambas novelas. Conviene recordar que *Las aventuras de Pinocho* están protagonizadas por un niño, y no una niña, aunque realmente es un muñeco de madera

---

[201] Collodi, Carlo, *Las aventuras de Pinocho* (Sevilla: Renacimiento & Espuela de Plata, 2005).
[202] *Idem.*

que se termina haciendo humano. Aquí encontramos una primera diferencia que afecta al género de los personajes en una época donde dicha cuestión era significativa por los roles que cada uno cumplía, siendo clara la diferencia entre ambos a este respecto[203].

Esta diferencia nos lleva a la tercera, que es bastante singular, entre ambas novelas y que tiene que ver con la inicial no figura humana del propio Pinocho y su transformación. Esta cuestión será una de las grandes hazañas de este cuento y uno de sus grandes mensajes: el querer ser humano y el irse humanizando conforme pasa el cuento ya sea para lo bueno y para lo malo. Pero de nuevo en esto nuestra querida Dorothy es singular porque Pinocho quiere ser humanizado, mientras que es Dorothy la que humaniza al resto de los personajes dándole un sentido propio a su trayectoria ética y moral.

Y por último detectamos una diferencia más que afecta a la dimensión solitaria de Pinocho, como pasará en *Alicia* y *Caperucita Roja,* frente a la fuerza colectiva que consigue generar Dorothy. En *El Maravilloso Mago de Oz* hablamos de una niña que articula una acción colectiva entorno a ella que ha hecho partícipe a otros a través del despliegue de la empatía, la compasión y la solidaridad, tal y como vimos con anterioridad. Sin embargo, por su parte Pinocho representaría lo contrario, siendo un niño caprichoso e individualista que si bien en su ansiada búsqueda de la libertad aprende que no puede mentir, y lo hace a base de un castigo en forma de nariz alargada, cual conductismo vulgar, no deja de ser, en ningún momento, un héroe solitario que en la versión original terminará pagando sus aventuras con su vida.

Por tanto, al contraponer ambos cuentos detectamos cómo la singularidad de *El Maravilloso Mago de Oz* es notable destacando estar protagonizado por una niña que humaniza a los demás y crea una acción colectiva digna de encomio.

Pero si hay un cuento con el que se suele comparar a *El Maravilloso Mago de Oz* es uno que se escribió unos años después que la obra de Baum viera la luz editorial, incluida alguna de sus secuelas. Nos referimos a un

---

[203] Hearn, «Introduction to The Annotated Wizard of Oz», p. lxxv.

cuento infantil coetáneo a la época de *El Maravilloso Mago de Oz* como es el conocido como *Peter Pan* escrito por James Matthew Barrie. *Peter Pan* es una obra compleja y con varias ediciones. Empezó siendo una obra de teatro representada en 1904. Pero su versión más conocida literariamente hablando es la versión en forma de cuento de 1911 y titulada *Peter Pan y Wendy*[204]. Esta versión de 1911 es la que sirvió de inspiración la más de las veces para posteriores adaptaciones tanto teatrales como cinematográficas y es a esta edición a la que haremos referencia en nuestra comparativa con *El Maravilloso Mago de Oz*. Una edición y una composición que sale a la luz once años más tarde que nuestro admirado *El Maravilloso Mago de Oz* de tal modo que este lo antecede en su propia concepción y posible influencia.

Hay un punto evidente de similitud entre ambos cuentos que afecta a la infancia. En ambos, los protagonistas son un niño o una niña de unos 10 años que actúan de forma altamente empoderada y con una capacidad para liderar una situación como pocas han ocurrido en la literatura infantil[205]. Realmente tanto Dorothy como Peter Pan son dos niños/niñas que no están nada infantilizados por sus creadores otorgándoles una fuerza vital y material enorme y no acorde a la edad que en principio representan, pero hacen esto expresando a la vez el mundo interior que como infantes tienen, recreándolo en sus respectivas novelas. Una forma de tratar la infancia que es de agradecer en la que se percibe la huella que dejó *Alicia* en la literatura infantil de la época[206]. Una infancia que nos abre al mundo interno, un mundo donde no rige el principio de identidad[207] y que nos recuerda que todos llevamos dentro de nosotros un niño o una niña que siempre nos acompaña; un reconocimiento a dicha sensibilidad que supone desplegar un proceso deseable de democratiza-

---

[204] Barrie, James M., *Peter Pan y Wendy* (Barcelona: Art Blume, 2008).
[205] Véase, Hearn, «Notes to The Annotated Wizard of Oz», p. 15 y Barrie, *Peter Pan y Wendy*.
[206] Una huella que se nota más en *El Mago de Oz*.
[207] Roiz, Javier, *El Mundo Interno y la Política* ((Madrid: Plaza y Janés, 2013), pp. 23 y ss.

ción del self[208] si queremos acoger la complejidad interna y externa que tiene —o debería de tener— nuestro concepto de ciudadanía.

Es así como la infancia se convierte en un elemento común entre ambas obras maestras, aunque no es el único. También las dos remiten a un un mundo fantasioso, más que maravilloso, en el sentido definido con anterioridad en estas mismas páginas, así como que las dos obras se dotan de una perspectiva coral que es clave para su comprensión. E igualmente, en ambos cuentos, se detecta la relevancia de tener un sueño que perseguir y que su deseo de cumplirlo es clave para el desarrollo de la propia aventura. Por consiguiente, no son pocas las similitudes entre ambas historias, aunque como veremos a continuación también hay diferencias significativas. En cuanto a estas cabe destacar las siguientes.

La primera y más elocuente es que, como pasará con Pinocho, Peter Pan es un niño y Dorothy una niña, teniendo esta además un protagonismo enorme en la ruptura con los estereotipos femeninos. Aquí, como ya hemos visto, la capacidad de innovación de *El Maravilloso Mago de Oz* es mayor comparada con la de *Peter Pan y Wendy*. Es verdad que el personaje de Wendy, que es una joven, muestra algunas trazas de esta índole, pero el papel maternal que le da Barrie y que le quiere asignar el propio Peter a Wendy choca también con el papel asignado por Baum a Dorothy, que es claramente emancipatorio. Y también está Campanilla que como hada tiene un papel controvertido rompiendo estereotipos en unos casos y reproduciéndolos en otros[209].

La segunda tiene que ver con que Dorothy es una persona normal y corriente que se convierte en héroe, mientras que el caso de Peter Pan no está claro del todo adquiriendo unos dotes especiales gracias a Campanilla, que es quien le proporciona su capacidad para poder volar. De este modo, la identificación ciudadana será más fácil que se dé con una niña de Kansas que con el propio Peter Pan.

La tercera queda vinculada con el sentido esperanzador que tiene el conjunto del cuento de Oz y en particular el papel que tiene en todo ello

---

[208] Wolin, *Política y perspectiva*, pp. 757 y ss.
[209] Barrie, *Pete Pan y Wendy*, pp. 180 y ss.

Dorothy, en comparación con lo transmitido por Peter Pan y su cuento. No solo hay diferencias notables entre Oz y El País de Nunca Jamás, sino que también nos las encontramos en los dos protagonistas de las correspondientes novelas. Es cierto que tanto Peter Pan como Dorothy son personas libres que se rebelan ante la adversidad de forma notoria. Pero en el caso de Peter esto va acompañado de unas cualidades personales egoístas, altivas, arrogantes y falto de responsabilidad y compromiso que contrasta con el espíritu solidario, compasivo y empático de Dorothy. Capacidades todas ellas que harán de la esperanza un discurso vertebrador para ella, los suyos y el conjunto de Oz, frente a un Peter Pan que si bien gobierna a los niños perdidos no es capaz de generar un discurso esperanzador colectivo para ellos ni para su mundo. En esto las diferencias son notables que se aprecian también en cómo termina el cuento, lo que nos lleva a la última diferencia sobre la que queremos hablar.

Como decíamos, la cuarta disimilitud, tan importante como la anterior, está relacionada con el final del cuento y es de una relevancia no menor para el significado político del cuento. Mientras que Dorothy termina volviendo a casa e incorporándose a su vida cotidiana aún con todo el bagaje de aprendizaje adquirido en Oz, Peter Pan se niega a volver a casa y quiere seguir viviendo en su mundo *maravilloso*. Esto normalmente se interpreta como que Peter Pan no quiere dejar de ser un niño. Cosa que pudiendo ser certera, si lo fuera, no debe significar que lo hecho por Dorothy —volver a casa y alcanzar su meta— se tenga que interpretar como su contrario, es decir, como una renuncia al niño o niña que llevamos dentro[210].

Por el contrario, en nuestra opinión, la actitud de Dorothy lo que implica es más bien una cierta dosis de corporalidad, de aceptación de nuestros deseos y de que el tiempo, se quiera o no, pasa y transcurre. Esto es, que la vida no es solo espíritu o alma, sino también materia, cuerpo

---

[210] Muñoz, Alfonso, «Reescribiendo a Peter Pan: la indefinición de un mito con múltiples originales», en *AILIJ Anuario de Investigación en Literatura Infantil y Juvenil, Anexo*, (2018) (en https://revistas.uvigo.es/index.php/AILIJ/article/view/910/894).

y contingencia. Lo que Dorothy demuestra aquí es un mayor sentido de la realidad que Peter Pan y un reconocimiento de que no es obligatorio tener que quedarnos en el mundo irreal de El País de Nunca Jamás para poder soñar. Dorothy no deja de soñar ni de reconocer que llevamos dentro un infante que forma parte de nuestra vida para siempre por el hecho de querer volver, y finalmente regresar, con los suyos para vivir con sus seres queridos. Más bien lo que hace Dorothy es decirnos que podemos soñar y reconocer los límites que la vida contiene. De este modo, mientras que con Peter Pan solo podemos soñar si seguimos atrapados en su mundo cual bucle mental, con Dorothy podemos pensar nuestra complejidad identitaria, con nuestros sueños incluidos, sin renunciar a nuestra corporalidad, materialidad y mundanidad. Todo lo cual es posible llevarlo a cabo desde nuestra cotidianidad y nuestra vida rutinaria sin renunciar a la complejidad de todo nuestro ser. Es por eso mismo que el mensaje de *El Maravilloso Mago de Oz* es más esperanzador que el de *Peter Pan y Wendy* porque Peter Pan solo ve salida si nos quedamos atrapados en su mundo plenamente irreal y fantasmagórico ubicado fuera de la contingencia de la vida mientras que Dorothy se abre a dicha contingencia sin renunciar a sus sueños, aunque los matice. La actitud de Dorothy nos sirve para nuestra vida de carne y hueso, mientras que la de Peter Pan, no. La presencia de la contingencia en Dorothy supone incorporar la política en su discurrir, algo que queda fuera del mundo inmaculado que busca Peter Pen.

Por tanto, de nuevo nos encontramos aquí con unas especificidades a la hora de entender al personaje principal que le proporciona una singularidad a la novela en el que la identificación con lo cotidiano, la ruptura con los estereotipos, la aparición de la contingencia, la articulación de una esperanza colectiva y el reconocimiento del infante que llevamos dentro sin tener que ser siempre un niño o niña —algo por otro lado imposible en la vida real— le otorga una fuerza cultural, política y ética inusitada a *El Maravilloso Mago de Oz* en comparación con *Peter Pan y Wendy*.

De este modo, cuando vemos y comparamos a *El Maravilloso Mago de Oz* con otros cuentos coetáneos, anteriores y posteriores, vemos y apreciamos su particularidad. Es una niña «normal y corriente», que humaniza a los demás por sus valores nobles, que permite empatizar y sentir compasión con sus iguales, con una narrativa clara y esperanzadora y que asume las contradicciones de la vida y de la política (democrática) con sus sueños y limitaciones en un ejercicio de realismo y creatividad casi sin igual. Y todo ello lo hace desplegando una acción colectiva y un compromiso público humanista que convierte su cuento en una hazaña modernista, modernizadora y democratizadora al alcanzar espacios de poder para la infancia, las mujeres, contra la esclavitud, en favor de la libertad individual, la humanización de los otros y la solidaridad entre diferentes y con un sesgo aspiracional de igualdad muy relevante.

En definitiva, si tuviéramos que sintetizar en pocas palabras el sentido de *El Maravilloso Mago de Oz* como novela en su conjunto, en comparación con los otros cuentos analizados, podría decirse que hablamos de un precioso cuento que nos relata la historia de una niña que con un discurso esperanzador y humanista es capaz de desplegar y liderar, de forma muy novedosa, una acción colectiva que será crucial para el devenir ético y político de la narración; una acción colectiva que forjará un equipo de una calidad humana tremenda y con un protagonismo que compite con su heroína principal. Hablamos realmente de un verdadero trabajo colectivo desplegado por Dorothy y sus buenos amigos. Por todo ello, *El Maravilloso Mago de Oz* es un icono literario, pero también ético para nuestras sociedades. No renunciemos a él ni se lo regalemos a los adversarios de la modernidad y del progreso. No se la merecen.

Pero aún cabe decir algo más a este respecto. Como efecto y consecuencia de todo lo anterior, *El Maravilloso Mago de Oz* es también un buen ejemplo del nacimiento de la nueva cultura popular del momento. Reflexionar sobre dicha cultura popular daría para todo un libro. Si nos centramos en el caso que nos ocupa, cabe destacar dos elementos que son importantes para su desarrollo que están presentes en nuestro *cuento fantástico*. Por un lado, la función de entretenimiento que cumple dicha narrativa para la vida común de la ciudadanía. En esto, todas las novelas de las que hemos hablado comparten un mismo objetivo común de entretener al público que las asemeja entre sí. Y por otro lado, que dicho entretenimiento va de la mano del reconocimiento del ámbito privado como lugar diferenciado del espacio público siendo este uno de los rasgos característicos de nuestras sociedades modernas. Pero en este punto es donde *El Maravilloso Mago de Oz* vuelve a innovar de forma perentoria. Lo novedoso del cuento de Baum estará en la forma que tiene de definir dichos ámbitos y su relación entre ellos y, por ende, su conexión con el espacio público y la accion colectiva. Una novedad que afecta al concepto de *otium* que se encuentra en su seno, así como al conjunto de capacidades o *virtú cívica* que incorpora dicha novela y que repercute sobre el sentido de la libertad que pregona. Es esta sucinta novedad la que nos lleva a la última parada de nuestro estudio obligándonos a volver a mirar al interior del cuento para descifrar el tipo de tradición de discurso político en el que lo podemos insertar.

7

LA TRADICIÓN REPUBLICANO LIBERAL Y *EL MARAVILLOSO MAGO DE OZ*

CULTURA POPULAR, *OTIUM* Y RETÓRICA LATINA: DESARROLLO HUMANO Y CIUDADANÍA

Como decíamos en *Dr Jekyll y Mr Hyde*, y bien señalaba Luís Beltrán, «la cultura moderna se caracteriza, frente a las culturas premodernas, por ser, en primer lugar, el instrumento de cohesión [cultural] esencial de las sociedades avanzadas. Ese formidable instrumento de cohesión fusiona elementos de cultura académica y elementos de cultura popular. Pero, en esencia, su carácter no es ni académico ni popular. La cultura moderna es un fenómeno mixto que se caracteriza por unas señas nuevas»[211] de identidad en donde la cultura moderna incorpora a la cultura popular extendiéndola hacia nuevas facetas innovadoras que van más allá de la mera tradición y el folklore. Un ejemplo fundacional de ello lo tenemos en la genial Don Quijote de la Mancha, una obra cargada de modernismo y humanismo tal y como ya advertimos en nuestro anterior trabajo tomando pie en las reflexiones de Jordi Gracia[212].

---

[211] Beltrán, Luís, «Apuntes para una teoría de la cultura popular moderna», en Thion, Dolores, Beltrán, Luís *et all* (coord.), *Tradición e interculturalidad. Las relaciones entre lo culto y lo popular (siglos XIX-XX)* (Zaragoza: Institución Fernando El Católico, 2013), p. 63.

[212] Fernández-Llebrez, *Dr. Jekyll y Mr. Hyde*, pp. 11 y ss.

Dentro de la teoría política, esta concepción modernista y humanista ha sido desarrollada, entre otros autores, por el pensador político norteamericano Marshall Berman, quien señalaba que «la vorágine de la vida moderna ha sido alimentada por muchas fuentes»[213]. Por una parte, están los procesos sociales (como el descubrimiento de las ciencias físicas, la industrialización, las inmensas alteraciones demográficas, los sistemas de comunicación de masas, los movimientos sociales masivos de personas y pueblos, un mercado capitalista mundial en expansión y fluctuante, etc) que «dan origen a esta vorágine, manteniéndola en un estado de perpetuo devenir, que en el siglo XX ha recibido el nombre de modernización»[214]. Y por otra parte, y relacionado con lo anterior, «estos procesos de la historia mundial han nutrido una asombrosa variedad de ideas y visiones que pretenden hacer de los hombres y mujeres sujetos tanto como los objetos de la modernización, darles el poder de cambiar el mundo que está cambiándoles, abrirse paso a través de la vorágine y hacerla suya. a lo largo del siglo pasado, estos valores y visiones llegaron a ser agrupados bajo el nombre de modernismo»[215]. Un modernismo que, al mismo tiempo que le proporcionaba a Berman realismo, le daba un marco normativo ético y político para la defensa radical y profunda de los Derechos Humanos; aquellos derechos por los que París se puso en pie y que tantos otros ciudadanos han hecho suyos como marco democrático de actuación y pensamiento. Toda una perspectiva humanizadora que nos la encontraremos puesta en escena en *El Maravilloso Mago de Oz*, mostrándonos la cara más esperanzadora de la vida como se analizó en anteriores páginas desplegando un concepto de desarrollo humano característico de las sociedades modernas de finales del siglo XIX y principios del siglo XX que se proyecta como ideal ético político hacia un futuro distinto.

---

[213] Berman, Marshall, *Todo lo sólido se desvanece en el aire. La experiencia de la modernidad* (Madrid: Siglo XXI, 2008), pp. 1 y 2.
[214] *Ibidem*, p. 2.
[215] *Idem*.

Este proceso de modernización vino caracterizado por una serie de rasgos que van desde el desarrollo industrial y el éxodo rural hasta el urbanismo pasando por la emergencia de nuevas clases sociales. De entre estos rasgos hay uno que nos interesa señalar ahora pues será clave para nuestro análisis teórico político y que afecta al reconocimiento del ámbito de lo privado como un lugar con vida propia y no necesariamente identificado con nuestro quehacer público. Tal y como han estudiado especialistas como Jurgen Habermas o Richard Sennet[216], el desarrollo de dicha controversia se llevó a cabo a lo largo de los siglos XVIII y XIX afectando a varias temáticas que van desde la autonomía moral de las personas hasta la emergencia de lugares de entretenimiento para la población pasando por los gustos artísticos y estéticos de la sociedades. Bien es cierto que muchas veces el espacio de la privacidad ha solido identificarse con el individualismo más radical entendiendo este como una realidad ajena a la vida pública, aunque tal identificación no es del todo exacta ni correcta.

A nuestro modesto entender, estos ámbitos conviene verlos alejados de las esferas cerradas tan características del mundo griego donde cada espacio es entendido como compartimentos estancos incapaces de dialogar entre sí. En esto no podemos seguir a Aristóteles pues nos da una situación engañosa del comportamiento humano, además de ser incoherente con algunas de las facetas más características del pensador griego como fue su atención a la educación sentimental. Para nuestro propósito es más oportuno tener en cuenta las consideraciones retóricas de Quintiliano y de Cicerón sobre el concepto de *otium* que remitían a mundos interconectados entre sí aunque se pudieran diferenciar[217].

El término latino *otium* se refiere al tiempo libre, ocio o descanso de las ocupaciones y responsabilidades siendo un concepto clave en la cultura romana. En la antigua Roma, el *otium* representaba el tiempo

---

216 Habermas, Jürgen, *Historia y crítica de la opinión pública. La transformación estructural de la vida pública* (Barcelona: Gustavo Gili, 2004) y Sennet, Richard, *El declive del hombre público* (Barcelona: Anagrama, 2011).

217 Quintiliano, *Obras Completas* y Cicerón, *Sobre el orador* (Madrid: Gredos, 2002).

dedicado a las actividades de ocio, de descanso y a la contemplación de la vida, oponiéndose a *negotium*, que significaba ocupación, actividad o negocio. El *otium* era un tiempo muy valorado por los romanos, especialmente por aquellos que podían retirarse de las responsabilidades públicas y dedicarse a la cultura, la filosofía, la escritura, o simplemente a disfrutar de la vida.

Cicerón veía el *otium* como un momento para la reflexión, el estudio, la lectura y la escritura, así como para la participación en debates intelectuales y la práctica de las artes. Una de sus frases más célebres fue «otium cum dignitate» (ocio con dignidad), que se refiere a la idea de que el *otium* no debe ser un simple descanso o pasividad, sino que debe ser una actividad que contribuya al desarrollo personal y a la dignificación de la persona. De este modo, Cicerón defendía la importancia del *otium* para el desarrollo intelectual y moral del individuo, ya que permitía cultivar la sabiduría, la *virtú* y la cultura[218].

No obstante, el *otium* en su sentido más cotidiano, y no tan filosófico, también se refería al tiempo libre que tenías las personas para actividades recreativas como juegos, banquetes, u otros menesteres de entretenimiento. Por tanto, tenía un doble sentido refiriéndose tanto al tiempo libre como a la dignificación de la persona fuera del ámbito laboral. Así, el *otium* quedaba claramente diferenciado del *negotium*, pero no necesariamente del desarrollo personal[219].

Este concepto sufrió cierta transformación en la modernidad, aunque conservó una parte de su significado. Realmente el ocio moderno choca frontalmente con el *scholes* griego, pues este solo tenía un sentido filosófico y nada lúdico. Sin embargo, el ocio moderno tiene una mejor relación, aunque desigual, con el *otium* latino, bebiendo de él a la vez que se diferenciaba de este. Tanto el *otium* romano como el ocio moderno pueden ser vistos como una expresión del tiempo libre y el descanso, pero también como una forma de buscar sentido, significado y propósito

---

[218] Cicerón, «En defensa de P. Sestio», en *Discursos IV* (Madrid: Gredos, 1994), pp. 283 y ss.

[219] *Idem.*

en actividades creativas que no están relacionadas con el trabajo o la productividad. En ambos contextos históricos conviven una dimensión de tiempo libre con el de desarrollo personal. Pero a partir de ahí hay ciertas diferencias[220].

La primera afecta a la relación entre ambas facetas. Si bien el desarrollo personal, y en concreto la dignitate, es constitutivo del *otium romano*, esto no es así en el ocio moderno pudiendo darse este sin necesidad de ir aparejado a actividades que afecten al desarrollo personal de la ciudadanía. De hecho, infinidad de veces es así.

La segunda tiene que ver, no con la distinción público/privado, sino con la relación entre dichos ámbitos y su definición. En el caso latino hay cierta porosidad entre ambos conceptos, cosa que ya no ocurre en el mundo moderno en donde la separación entre público/privado se radicaliza quedando identificado con esferas cerradas y separadas.

La tercera está relacionada con la «popularización» del entretenimiento. Si bien el *otium cum dignitate* era algo reservado para ciertos grupos sociales, eso en la modernidad no será así, extendiéndose y ampliándose a quien pueda disfrutarlo, siendo el «mercado» el que marque sus límites.

Pero la mayor diferenciación entre ambos contextos estará en una cuarta consideración. En el caso moderno, el ocio puede quedar vinculado a algún tipo de negocio, no siendo ya su antítesis como sí lo era en el mundo romano. De esta manera, el concepto moderno se mezcla con elementos que eran su contrario —el dinero—, haciendo que el ocio se vuelva menos dignificante que en los tiempos romanos[221].

Todos estos cambios no significarán una ruptura total con el *otium* latino, pero sí una mayor diversificación del mismo abriéndose su campo

---

[220] Csikszentmihalyi, Mihaly, Cuenca, Manuel, Buarque, Cristovan *et all, Ocio y desarrollo humano. Potenciales del ocio para el desarrollo humano. Documentos de Estudios de Ocio, 18* (Bilbao: Universidad de Deusto, 2001).

[221] *Idem.* En este punto la obra de Baum es muy moderna pues se convertirá en su sustento económico por lo que, paradójicamente, hacia «dentro» tenía mucho del *otium latino*, pero hacia «fuera» fue un buen negocio. Esto último no fue nada exclusivamente suyo, sino algo muy común con otras novelas de la época y recientes.

de posibilidades, incluido el crematístico. Es así como en el ocio moderno quedarán reflejadas diversas manifestaciones culturales como el turismo, los hobbies, la cultura de masas y la participación en eventos sociales y culturales, unas sin valor monetario, aunque otras sí. Sea como fuere, el entretenimiento es un elemento central de nuestro proceso de modernización en nuestras sociedades liberales formando parte de nuestra idea de libertad individual, sin la cual no comprenderíamos tampoco nuestro concepto de sociedad moderna ni de cultura popular. Es la distinción entre privado y público la que va a vertebrar dicho ocio como un elemento característico de nuestras sociedades avanzadas, como advertirá Habermas[222]. Pero ya no lo harán como conceptos opuestos por su vinculación con el negocio, sino por representar esferas distintas entre sí. Proceso este que se desarrolló de forma notable a finales del XVII y a lo largo del XIX y que tiene su explosión en el transcurso del siglo XX.

Por todo ello no es de extrañar que dicho proceso modernizador atraviese al conjunto de *El Maravilloso Mago de Oz* estando presente a lo largo de la misma pues como sabemos hablamos de una obra escrita en 1900. En un primer momento lo que mueve a nuestros protagonistas y vehicula su acción es la búsqueda de objetivos personales, y en principio privados, como son tener corazón, inteligencia y coraje o conseguir regresar a casa. Pero a partir de ahí nuestro modernizado cuento tiene vestigios antiguos como le suele pasar a muchos cuentos de hadas.

En este sentido, la distinción entre lo público y lo privado se da, pero no hay que verla como la contraposición entre dos esferas separadas sino como ámbitos distintos que son complementarios y están relacionados. Es el concepto de *otium latino,* que acabamos de caracterizar, el que mejor define esa relación compleja que aparece en nuestra novela entre lo público y lo privado. Un planteamiento del que también nos hablará la retórica latina que reconoce la existencia de *espacios públicos internos*[223] en la configuración de nuestra ciudadanía y su desarrollo personal, lo que

---

[222] Habermas, *Historia y crítica de la opinión pública.*
[223] Roiz, Javier. *El experimento moderno. Política y psicología al final del siglo XX* (Madrid: Trotta, 1992), pp. 34 y ss.

nos permite tener una mirada más rica y compleja sobre la vida política que la de ciertas concepciones al uso, ya sean puramente liberales, ya sean puramente republicanas. Nuestra obra nos dibuja una perspectiva más rica y profunda que cabe denominarla como republicano liberal, la cual se aprecia a lo largo de toda la obra incluido su final. Detengámonos en todo ello para ir concluyendo ya nuestra presente investigación.

EL RETORNO A KANSAS: *VIRTÚ* Y LIBERTAD REPUBLICANO CÍVICA EN *EL MARAVILLOSO MAGO DE OZ*

Al igual que hace la novela, nosotros también terminaremos nuestra reflexión con una parada en el final del cuento. Si bien la casi totalidad de nuestra obra se desarrolla en Oz, esta comienza y termina en Kansas. De hecho, el retorno a Kansas es una de las fuerzas que mueven a la novela. Un deseo finalmente cumplido.

Ahora bien, cabe preguntarse por qué Baum eligió Kansas como lugar de residencia de nuestra pequeña protagonista y de su familia. Sabemos que Baum vivió en Dakota del Sur durante algunos años, como hemos visto. Y también que una parte de la perspectiva gris y seca que se expresa en la novela cuando se refiere a Kansas le debe mucho a Dakota del Sur, como bien nos recuerda Thomas Fox Averill[224].

Aún con todo, hablamos de dos Estados ubicados en una zona parecida de los EEUU, el medio oeste, y con un peso importante en ambos de la agricultura. Dada la experiencia vital de Baum habría sido más lógico que en 1900 hubiera situado a Dorothy en su conocida Dakota del Sur. Hacia muy poco tiempo que había vuelto de Aberdeen por lo que no habría sido extraño su localización en Dakota. O en Chicago, que era donde residía en ese momento. Pero sin embargo optó por Kansas. ¿Por qué ?

No es fácil responder a esta pregunta, pero se pueden plantear distintas razones que expliquen dicha elección. La primera y seguramente más relevante sea la importancia de los tornados en Kansas. Kansas

---

[224] Averill, Thomas F., «Oz and Kansas Culture», en *Kansas History,* (Spring, 1989), p. 4.

es muy conocido popularmente como un lugar en donde hay muchos y potentes tornados y ciclones. En Oklahoma o Alabama hay más, pero muy cerca se encuentran zonas como Kansas, Iowa o Texas.

En concreto, en 1879 se produjo en Kansas el tornado Irving que fue impactante y demoledor con 19 muertes y 34 casas y negocios destrozados. Un tornado del cual se hizo eco el propio Baum en su periódico *Saturday Pionner* debido a su relevancia para todo el país.

A partir de ahí Kansas quedó identificado con los tornados para la sociedad norteamericana[225]. Por eso no era extraño que Baum utilizara dicha localidad en su cuento relacionándola con un ciclón.

La segunda razón tiene que ver con que Kansas es el centro geográfico de los EEUU: se sitúa justamente en el medio del país. Y no solo lo es geográficamente sino que también representa a sectores medios claves y muy característicos de los propios Estados Unidos. Kansas es una de las «capitales» culturales de ese medio oeste norteamericano tan típico y profundo. De este modo, le sirve como representante de toda una nación.

La tercera puede estar relacionada con que Kansas es conocido, y así lo era en 1900, como el granero de EEUU[226]. Su agricultura en esos tiempos, anterior a su posterior periodo de industrialización, era central para el país. Sus campos de trigo son característicos de los EEUU y representaban de forma simbólica el campo que quería reflejar Baum y más en su contraste con Oz. Por eso mejor optar por Kansas que por la ciudad en la que vivía Baum cuando escribió el cuento, que era Chicago. Y seguramente no podía ser Chicago la que iniciara el cuento porque Chicago se parece más a Oz, con todas sus luces y sombras[227]. El contraste entre Kansas y Chicago es un contraste entre dos estilos de vida del momento, que encaja muy bien con el cuento (Kansas y Oz) y que es muy útil para arrancarlo y terminarlo[228].

---

[225] *Ibidem*, p. 6

[226] *Idem*.

[227] *Ibidem*, p. 5

[228] Recordemos que en Oz hay brujas, las cuales no están presentes en Kansas. Como dijera la Bruja del Norte a Dorothy, eso es así porque «creo que ya no quedan brujas en los países civilizados; ni magos, ni hechiceras ni brujos. Pero, verás, la Tierra de

No obstante, y como cuarta razón, no hablamos de un contraste necesariamente político. En la época que estamos hablando, alrededor de 1900, tanto Chicago como Kansas tenían fama de progresistas. En Chicago, tras una participación muy activa en la guerra civil en el bando federalista y republicano, culminó dicha tradición con la conocida «revuelta de Haymarket» en favor de los derechos de los trabajadores.

De igual modo, la Kansas que conoce en ese momento Baum era un lugar donde se desplegó fuertemente el movimiento anti esclavista o abolicionista frente a su vecino Misuri con quien tuvo bastantes enfrentamientos por este motivo. Conflictos que vienen desde la guerra civil en donde Kansas era claramente federalista frente a territorios cercanos que eran confederados. Y en ese momento Kansas fue uno de los pilares del movimiento progresista y de opciones populistas de izquierda que fueron continuados por políticas republicanas de carácter progresista como el derecho del voto de las mujeres. De este modo, también Kansas le permitía hacer a Baum un guiño progresista como el que realizó a lo largo de toda la novela[229].

Por tanto, volver a Kansas en 1900 no era volver a cualquier lugar. Representaba muchas cuestiones como acabamos de ver. Con una sola palabra se podía decir y hacer muchas cosas. Todo lo cual encaja bien para que un autor como Baum escogiera dicha localidad para su novela.

Pero no solo tiene interés saber por qué elegir Kansas, sino por qué Dorothy vuelve y no se queda en Oz. ¿Qué nos quiere decir eso? ¿Qué significado tiene? En primer lugar, hay que decir que retorna para poder cerrar la historia y así tenga sentido toda la aventura en Oz y su camino

---

Oz nunca ha sido civilizada, pues estamos aislados del resto del mundo. Por tanto, todavía tenemos brujas y magos entre nosotros», dijo la Bruja del Norte. Aquí parece que la inocencia es marca de la casa de Oz por no estar «contaminada», aunque también indica que razón y civilización se darían la mano frente a la superchería en la vieja Kansas. Pero a su vez, Oz viene cargada de personajes muy sensatos y normales. Este cúmulo de rasgos nos muestra que hablamos de mundos complejos marcados por las contradicciones. Véase, Baum, *El Maravilloso Mago de Oz*, p. 88.

[229] Averill, Thomas F., «Oz and Kansas Culture», p. 7. También acúdase a Hearn, «Notes to The Annotated Wizard of Oz», pp. 15 y ss.

iniciático. De hecho, sabemos que es una vuelta momentánea, pues en siguientes libros volverá a Oz. Pero en este que estamos analizando, que es el principal y primero, y en mi opinión, el mejor de todos los escritos, Dorothy vuelve a casa. Y lo hace con muchas ganas e insistencia.

En segundo lugar, expresa un contraste y a la vez una conexión entre dos mundos que están diferenciados y relacionados, ya que como vimos ni todo es oro en Oz ni todo es miseria en Kansas. La relación entre ambos espacios es más compleja y abierta que la de uno es la parte buena y la otra la parte mala. Ya vimos la complejidad que habitaba en Oz, la cual estaba relacionada con la forma de entender *lo fantástico* por parte de Baum y que refleja la gran innovación de todo un género literario.

Lo fantástico no es una utopía cerrada cargada de pureza, sino un lugar en donde hay tensiones y contradicciones en el que las imágenes ideales sirven como impulsos para avanzar y mejorar, pero no para dibujar un mundo idílico fuera de la realidad. Por consiguiente, no debe extrañar que se vuelva a Kansas pues el cuento nos relata una aventura hacia un mundo mejor, abierto y cargado de paradojas en el que la imaginación pueda seguir viva. La vuelta a Kansas, en este sentido, supone dejar puentes abiertos entre mundos diferentes pero conectados.

Y en tercer lugar, volver a casa conlleva retornar a donde Dorothy ha querido volver y de donde no quiso salir de forma voluntaria; de hecho, fue un inmenso tornado quien la sacó de su casa y de la compañía de su tía y de su tío. Ahora bien, ¿este retorno al hogar significa un final conservador «a ojos nuestros»? Después de tanta hazaña esperanzadora en el espacio público, después de ser una heroína pública, ¿no es un tanto desilusionante y contradictorio acabar volviendo a casa? No lo creo[230].

Tal vez pueda serlo para un planteamiento republicano roussoniano, pero no tiene por qué serlo para un republicanismo cívico como el postulado por Quentin Skinner. Detengámonos brevemente en este republi-

---

[230] Así ocurre también en la *Odisea* o en *El Señor de los Anillos* y no por ello son desilusionantes. Y en el caso de *El Hobbit* ese retorno está en el propio título del libro al referirse a un viaje de ida y vuelta: *The Hobbit, or There and Back Again*.

canismo cívico de Skinner, para comprobarlo. El republicanismo cívico de Skinner se caracteriza por dos rasgos.

Por un lado, está su concepto de *virtú*. Según Skinner, una república que se autogobierna solo puede perdurar «si sus ciudadanos cultivan esa cualidad decisiva a la cual Cicerón denominó *virtus*, los teóricos italianos más tarde convirtieron en *virtú* y los republicanos ingleses tradujeron como *cívic virtue* o *public spiritedness* (virtud cívica o vocación pública).

Así, el término se emplea para denotar el espectro de capacidades que cada uno de nosotros debe poseer como ciudadano: «las capacidades que nos permiten por voluntad propia servir al bien común y de este modo defender la libertad de nuestra comunidad para, en consecuencia, asegurar el camino hacia la grandeza, así como nuestra propia libertad individual»[231]. *Virtu(des)* —en este sentido de *virtú*- o capacidades, tal y como también las definiera Nussbaum[232]—, son las que nos encontramos en nuestra novela cuando hablamos de la racionalidad, la valentía, el amor, la esperanza, la compasión o la empatía que buscan y destilan nuestros personajes.

Es el despliegue de estas capacidades personales lo que mueve a los personajes a vivir una aventura de enorme transcendencia para su vida y la de todo Oz. Y en concreto en el caso de Dorothy es su deseo de volver con sus seres queridos lo que le da fuerzas para hacer todo lo que hace y ella representa. Esa capacidad de sentir amor por tus seres queridos es clave para desplegar toda su *virtú* a lo largo del cuento.

Por otro lado, se encuentra la defensa peculiar de entender la libertad personal que tiene dicho republicanismo. Para este, la libertad personal en su acepción habitual «implica que cada ciudadano se encuentre libre de cualquier restricción personal [...] y en consecuencia, es libre de perseguir sus propios fines»[233]. Pero lo novedoso de la concepción *neorromana* de la libertad postulada por Skinner es que esta «idea de libertad

---

[231] Skinner, «Las paradojas de la libertad política», p. 106.
[232] Nussbaum, *Crear capacidades. Propuesta para el desarrollo humano* (Barcelona: Paidós, 2012).
[233] Skinner, «Las paradojas de la libertad política», p. 104.

personal [queda vinculada] con la de servicio público virtuoso»[234]. Esto significa que no hay incompatibilidad entre defender nuestros fines privados o individuales y la búsqueda del servicio público y del compromiso cívico, más bien al contrario. ¿Y cómo podemos juntar ambas cuestiones? ¿Cómo podemos persuadir a ciudadanos con intereses particulares en que actúen de manera virtuosa? La respuesta es doble.

Una primera tiene que ver con la relevancia que tienen los poderes coercitivos de la ley para dicho propósito, pero hay que reconocer que sobre esta cuestión nuestra novela adelanta poco. Sin embargo, sí dice bastante sobre la segunda respuesta la cual tiene que ver con una concepción pluralista de los fines humanos comunes; una concepción que no precisa de una mirada omnicomprensiva de la vida, sino que se fundamenta en una «teoría según la cual, si deseamos maximizar nuestra propia libertad individual debemos dejar de depositar nuestra confianza en los príncipes y en cambio hacernos cargo de la arena pública nosotros»[235].

Esto no significa que sólo nos autogobernamos entre nosotros sin necesidad de instituciones ni mediación alguna, sino que dicho autogobierno es compatible con la existencia de representantes, como bien aclara Skinner[236], tal y como ocurre en toda la tradición democrática moderna. En esta la exigencia de participación y autogobierno no pasa por negar las intermediaciones políticas ni el mandato representativo, sino más bien es una forma de fortalecerlas.

Así, lo que dicha reflexión pretende decir es que si queremos tener una sociedad que garantice nuestra libertad individual precisamos de comprometernos en el espacio público para garantizar unas normas que posibiliten dicho objetivo, dándose así una relación peculiar entre la defensa de nuestra libertad individual y una actividad sostenida y relevante en el espacio público.

---

[234] *Ibidem*, p. 111
[235] *Ibidem*, p. 114.
[236] *Idem*.

Digámoslo con palabras del propio Skinner: «el precio que tenemos que pagar para gozar de determinado grado de libertad personal con determinado grado de seguridad constante, es el servicio público voluntario»[237]. De este modo, siguiendo a Maquiavelo[238], Skinner señala que «como ciudadanos tenemos un deber (ofícium) por cumplir, deber que consiste en aconsejar y en servir a nuestra comunidad según nuestras capacidades», es decir, según la *virtú* de la que hablábamos anteriormente[239].

Pero la razón que nos da para el cultivo de este tipo de virtudes o capacidades y para servir al bien común no es el concepto tradicional de deber (debere), sino la de que obremos bien socialmente para asegurar un grado de libertad personal que nos permita conseguir los fines que hemos elegido[240].

Por tanto, nuestra libertad social requiere de nuestra libertad individual para su ejercicio. Esto no significa que a veces no pueda haber conflicto entre ambas, pero la tesis de Skinner es que una razón poderosa por la que nos comprometemos públicamente es para poder garantizar nuestras libertades personales y sociales, y así construir un espacio público que nos permita irnos a nuestra casa a descansar y disfrutar de nuestra vida no teniendo que ser un «ciudadano permanente» solo y exclusivamente comprometido con el mundo público, sus razones y sus sueños.

Es un ideal cívico que podemos calificar de «republicanismo liberal» en el que caben diferentes aristas, tanto públicas como privadas, que han de complementarse aún con todos sus conflictos y tensiones. Es una interacción abierta y múltiple que caracteriza a la *virtú* o capacidad republicano cívica y liberal en nuestras democracias liberales.

---

[237] Skinner, Quentin, «La idea de libertad negativa: perspectivas filosóficas e históricas», en Rorty, Richard, Schneewind, Jerome B. y Skinner, Quentin (comps.), *La filosofía en la historia* (Barcelona: Paidós: 1990), p. 251.

[238] Maquiavelo, Nicolás, *Discursos sobre la primera década de Tito Livio* (Madrid: Alianza, 2000).

[239] Skinner, «La idea de libertad negativa: perspectivas filosóficas e históricas», p. 257.

[240] *Idem*.

De este modo, nos estamos refiriendo al «tercer concepto» de libertad sobre el que escribe Skinner y que va más allá de las dicotomías liberalismo versus republicanismo tan característica de ciertos discursos polarizantes en donde cada una de esta supone la negación de la otra; dicotomía que Skinner pretende superar al aportarnos este concepto *neorromano* de «libertad anterior al liberalismo» tan sugerente y actual, tal y como el filósofo británico nos indica[241].

Justamente este «tercer concepto de libertad» es el que nos muestra Dorothy al regresar a Kansas. Su vuelta es una forma de compatibilizar todo su compromiso público con su deseo de regresar a casa y de volver con sus seres queridos, mostrando la necesidad de sentirse querida y segura entre los suyos. Es otro ejemplo más de entender la fantasía y la imaginación como algo que es ilusionante y épico, pero que a la vez necesita también de lo sencillo y de lo cotidiano.

La propia Dorothy lo expresa de forma elocuente al final del cuento aun estando en Oz cuando dice que «estoy contenta de haber sido de utilidad para estos buenos amigos. Pero ahora que cada uno ha conseguido lo que más deseaba, y además cada uno es feliz con un reino que gobernar, creo que me gustaría regresar a Kansas»[242].

Y no solo pasa esto con Dorothy. En sus tres amigos de aventura también los deseos individuales están presentes en sus sueños, ya sea para alcanzar la capacidad del razonamiento práctico, del afecto o la del coraje cívico. E igualmente los tres se comprometen con lo público para alcanzar sus metas y poder vivir en un mundo donde tales propósitos se puedan lograr y garantizar[243].

Tanto en ella como en los otros nos encontramos con una forma de defender el servicio y compromiso público que va más allá del beneficio mutuo característico del *neocontractualismo*, tal y como ya vimos con anterioridad. En Dorothy y sus tres amigos encontramos una manera

---

[241] Skinner, Quentin, *Hobbes y la libertad republicana* (Buenos Aires: Universidad Nacional de Quilmes, 2010).

[242] Baum, *El Maravilloso Mago de Oz*, p. 242.

[243] *Ibidem*, pp. 240 y 241.

diferente de definir el acuerdo político. En estos nos encontramos con una apuesta por la existencia de ciertos fines comunes que es compatible con la defensa de nuestros deseos privados sin necesidad de tener que apelar a un telos omnicomprensivo que niegue nuestra capacidad de pensarnos a nosotros mismos.

Es una forma de compartir la vida con los demás *republicano cívica* que conlleva asumir distinciones liberales, como la diferenciación pública y privada, pero sin abordarlas de manera característicamente neoliberal en donde lo privado desplaza a lo público hasta el punto de despreciarlo y considerarlo un mal, del que es un claro representante el clásico Bernard de Mandeville para quien los vicios privados son las únicas virtudes públicas posibles[244]. Ni tampoco resolverlas al modo republicano premoderno del que es característico el pensamiento de Jean Jacques Rousseau con su «ciudadano total» cuál guerrero omnipotente[245]. Dicho de una manera muy sucinta, esta forma republicano cívica de defender la libertad y el compromiso cívico es una forma de comprometernos con nuestra *polis* o *res publica* para, entre otras razones, poder tener vida propia, que diría Maquiavelo[246].

De este modo, esta forma de libertad y de servicio público requiere de cierto concepto de cultura popular en el que asentarse que reconociendo nuestro nexo social con nuestros conciudadanos y conciudadanos también requiere del reconocimiento de nuestra autonomía personal. Así, este concepto de ciudadanía moderna no beberá sólo de «lo público», sino que también lo hará de la existencia de un espacio privado, de vida personal y entretenimiento, que le es intrínseco y necesario proteger. Y es esta forma republicano cívica, ligada al *otium neorromano,* de entender la vida pública y privada la que, en nuestra opinión, representa y expresa sintéticamente *El Maravilloso Mago de Oz* como novela *fantástica.*

---

[244] Mandeville, Bernard, *La fábula de las abejas. Los vicios privados hacen la prosperidad pública* (Madrid: Fondo de Cultura Económica, 2004).

[245] Rousseau, Jean Jacques, *Emilio, o de la educación* (Madrid: Alianza, 1998).

[246] Maquiavelo, *Discursos sobre la primera década de Tito Livio.*

En definitiva, partiendo de las premisas teóricas de Nussbaum, podemos señalar que *El Maravilloso Mago de Oz* supone todo un canto aspiracional en donde las capacidades internas y externas de los personajes expresan un camino esperanzador caracterizado por la búsqueda del desarrollo humano en el que la empatía y la compasión ocupan un lugar destacado[247]. Un proyecto esperanzador insertado en una teoría política épica[248] liderado por una protagonista —Dorothy— pero con una capacidad ejemplar para forjar un equipo —el Espantapájaros, el Leñador de Hojalata y el León Cobarde— y una acción colectiva como hay pocas en la literatura infantil. Y todo ello en un *cuento fantástico* cargado de contradicciones donde el bien y el mal están presentes sin necesidad de dibujar una utopía cerrada e idílica, sino un viaje, cargado de imaginación, fantasía y valores, que es necesario recorrer si queremos aprender ciertas capacidades y transformarnos a lo largo del mismo.

Un viaje en donde el crecimiento y el cambio individual de cada uno va parejo al del grupo o colectivo, dándose una interacción muy enriquecedora entre ambas facetas del ser humano: entre su lado individual y su cara social, entre su vida privada y su vida pública, sin tener que quedar ninguna de ellas subsumida en las otras. Un cuento que cabe situar dentro de la tradición republicano liberal con un concepto de *virtú* o capacidad republicana característica del republicanismo cívico definido en los términos de Skinner[249]. Lo que no es un canto al ciudadano roussoniano que vive de día y de noche sin parar, como tampoco lo es del mandevilliano incapaz de comprometerse con lo público. Por el contrario, es más oportuno entenderlo como un canto humanista en favor de un ciudadano más complejo, con sus momentos de letargia, que diría la tradición retórica[250], que quiere vivir su vida, pero que requiere del compromiso cívico como servicio público si pretende alcanzar y con-

---

[247] Nussbaum, *La monarquía del miedo*, pp. 232 y ss.
[248] Wolin, *Hobbes y la tradición épica de la teoría política*, pp. 46 y ss.
[249] Skinner, «La idea de libertad negativa: perspectivas filosóficas e históricas», pp. 251 y ss.
[250] Roiz, *La recuperación del buen juicio*, pp. 30 y ss.

servar sus fines individuales y sociales. Es decir, que nuestras libertades individuales son importantes para nuestros fines sociales y viceversa, en donde la contingencia de la política ocupa un lugar destacado.

Lo que *El Maravilloso Mago de Oz* nos muestra es toda una aventura modernista en la que se nos habla de una idea de cultura popular modernizadora que empezará a emerger en estas sociedades liberales y que está en sintonía con los deseos de Baum de hacer de su *fantástico* cuento un nuevo tipo de género literario innovador para los tiempos venideros. Hablamos de una propuesta, de una partitura, humanista y humanizadora profunda e ilusionante que puede actuar como contrapunto necesario ante estos tiempos tan difíciles donde la deshumanización campa a sus anchas en la política actual.

BIBLIOGRAFÍA CITADA

AA.VV, *The Oxford Dictionary of English Etymology* (Oxford: Oxford University Press, 2015).

Addams, Jane, *Hull House: El valor de un centro social* (Madrid: Paraninfo, 2013).

Álvarez, Blanca, *La verdadera historia de los cuentos populares* (Madrid: Morata, 2011).

Andersen, Christian, *Cuentos de Andersen* (Madrid: Alma, 2019).

Aron, Raymond, *Dimensiones de la conciencia histórica* (Barcelona: Página Indómita, 2017)

Austin, John L., *Cómo hacer cosas con palabras* (Barcelona: Paidós, 1991).

Averill, Thomas F., «Oz and Kansas Culture», en *Kansas History* (Spring, 1989), 2-12.

Barrie, James M., *Peter Pan y Wendy* (Barcelona: Art Blume, 2008).

Baum, L. Frank, *El Maravilloso Mago de Oz*, edición y traducción de Ana Belén Ramos (Madrid: Cátedra, 2014).

— *El Mago de Oz/The Wizard of Oz*, Clásicos Bilingües (Barcelona: Plutón, 2018).

Baum, Frank L. and Hearn, Michael P., *The Annotated Wizard of Oz*, by L. Frank Baum, edited with an Introduction and notes by Michael Patrick Hearn (New York: Norton and Company, 2000).

Beard, Charles A., *An Economic Interpretation of the Constitution of the United States* (New York: FreePress, 1986).

Beltrán, Luís, «Apuntes para una teoría de la cultura popular moderna», en Thion, Dolores, Beltrán, Luís *et all* (coord.), *Tradición e interculturalidad. Las relaciones entre lo culto y lo popular (siglos XIX-XX)* (Zaragoza: Institución Fernando El Católico, 2013).

Benhabib, Seyla, *Las reivindicaciones de la cultura* (Buenos Aires: Katz, 2006).

Berman, Marshall, *Aventuras marxistas* (Madrid: Siglo XXI, 2002).

— *Todo lo sólido se desvanece en el aire. La experiencia de la modernidad* (Madrid: Siglo XXI, 2008).

— *The Politics of Authenticity. Radical individualism and the Emergence of Modern Society* (London: New York: Verso, 2009).

Bettelheim, Bruno, *Psicoanálisis de los cuentos de hadas* (Barcelona: Booket, 2012).

Bradbury, Ray, «Foreword: Because of the Wonderful Things He Does», en Baum, L. Frank, *The Wonderful Wizard of Oz* (Kansas: University Press of Kansas, 1999).

Carpenter, Humphrey, *Las cartas de J.R.R. Tolkien* (Barcelona: Minotauro, 1993).

Carroll, Lewis, *The Complete Illustrated Lewis Carroll* (Kent: Wordsworth Editions, 1996).

Carroll, Lewis and Gardner, Martin, *Alicia Anotada. Alicia en el país de las maravillas/A través del espejo* (EpubEditor: York, 2013).

Carroll, Lewis, *Alicia para los pequeños* (Zaragoza: Editorial Luís Vives, 2015).

Chesterton, Gilbert K., «La ética en el país de los elfos», en *Ortodoxia* (México: Porrúa, 1998).

— «The Red Angel» en *Tremendous Trifles,* The Project Gutenberg (en https://www.gutenberg.org/files/8092/8092-h/8092-h.htm#link2H_4_0018).

Cicerón, «En defensa de P. Sestio», en *Discursos IV* (Madrid: Grados, 1994).

— *Sobre el orador* (Madrid: Gredos, 2002).

Collodi, Carlo, *Las aventuras de Pinocho* (Sevilla: Renacimiento & Espuela de Plata, 2005).

Costa, Antonio, «Entrevista en Hoy por hoy», *Cadena SER,* 5 de mayo de 2025 (https://cadenaser.com/nacional/2025/05/06/angels-barce-lo-entrevista-a-antonio-costa-presidente-del-consejo-europeo-cadena-ser/)

Csikszentmihalyi, Mihaly, Cuenca, Manuel, Buarque, Cristovan *et all, Ocio y desarrollo humano. Potenciales del ocio para el desarrollo humano. Documentos de Estudios de Ocio, 18* (Bilbao: Universidad de Deusto, 2001).

D´Aulnoy, Madame, *El cuarto de las hadas* (Madrid. Siruela, 2005).

Damasio, Antonio, *En busca de Spinoza. Neurobiología de la emoción y los sentimientos* (Barcelona: Destino, 2011).

Davis, Rocío, G. «Mundos paralelos: un acercamiento a la fantasía en la literatura infantil», en *RILCE, Revista de Filología Hispánica, 16, 3* (2000) 491-500.

Dewey, John, *Liberalismo y acción social y otros ensayos* (Valencia: Alfonso el Magnánim, 1996).

— *Democracia y educación* (Madrid: Morata, 1997).

— *La opinión pública y sus problemas* (Madrid: Morata: 2004)

Dubet, Francois, *La época de las pasiones tristes* (Buenos Aires: Siglo XXI, 2020).

Fernández-Llebrez, Fernando, *Retórica democrática, identidades y ciudadanía. Asociacionismo y calidad de la democracia en Andalucía* (Granada: Universidad de Granada, 2012).

— «Retórica, emociones y pluralismo: déficit democrático en la identidad política del actual independentismo catalán (2011-2017)», *Foro Interno. Anuario de Teoría Política, 18* (2018), 27-50.

— *Dr. Jekyll y Mr. Hyde. Los peligros de la omnipotencia política en la España de hoy* (Granada: Comares, 2020).

— *Esperanza y democracia en tiempos difíciles. La crisis actual de la democracia pluralista* (Madrid: Imprimelibros, 2025).

Fernández-Llebrez, Fernando y Villanueva, Neftalí, «Socialismo, movimientos sociales y el mito de la solución definitiva», en Moreno, Jose Luís y Romero, José Manuel (coords.), *Recuperar el socialismo. Un debate con Axel Honneth* (Madrid: Akal, 2022).

Fleming, Victor, «El Mago de Oz» *(film)* (Metro Goldwyn Mayer: Estados Unidos, 1939).

García Montero, Luis, «Las emociones razonadas», en *Infolibre*, 3 de marzo de 2019 (https://www.infolibre.es/noticias/opinion/columnas/2019/03/03/las_emociones_razonadas_92471_1023.html)

Gardner, Martin, «The Royal Historian of Oz (first of two parts)», en *The Magazine of Fantasy and Science Fiction,* vol. 8, n.º 1 (January, 1955), 71-81.

Gardner, Martin, «The Royal Historian of Oz (second of two parts)», en *The Magazine of Fantasy and Science Fiction,* vol. 8, n.º 2 (Febraury, 1955), 64-74.

— «Preface» en Baum and Hearn, *The Annotated Wizard of Oz,*

Grimm, Jacob y Grimm Wilhelm, *Cuentos de los hermanos Grimm* (Madrid: Alma, 2019).

Guardia, Carmen de la, *Proceso político y elecciones en Estados Unidos* (Madrid: Edema, 1992).

Gutmann, Amy, *La identidad en democracia* (Buenos Aires: Katz, 2008).

Habermas, Jürgen, *Historia y crítica de la opinión pública. La transformación estructural de la vida pública* (Barcelona: Gustavo Gili, 2004).

Han, Byung-Chul, *El espíritu de la esperanza* (Barcelona: Herder, 2024).

Hearn, Michael Patrick, «Introduction to The Annotated Wizard of Oz» en Baum and Hearn, *The Annotated Wizard of Oz.*

— «Notes to The Annotated Wizard of Oz» en Baum and Hearn, *The Annotated Wizard of Oz.*

Hobbes, Thomas, *Leviatán. O la materia, forma y poder de una república eclesiástica y civil* (México: Fondo de Cultura económica, 1992).

Hunt, Lynn, *La invención de los derechos humanos* (Barcelona: Tusquets, 2009).

Jimena, María, *Las relaciones entre el derecho y la literatura. Una lectura del proyecto de Martha Nussbaum* (Madrid: Marcial Pons, 2021).

Jones, Maldwyn A., *Historia de Estados Unidos. 1607-1992* (Madrid: Cátedra, 1996).

Judis, John B., *La explosión populista. Cómo la Gran Recesión transformó la política en Estados Unidos y Europa* (Barcelona: Deusto, 2018).

Littlefield, Henry, «The Wizard of Oz: Parable on Populism», en *American Quarterly,* vol. 16, n.º 1 (Spring, 1964), 47-58.

Llanos, Héctor «Entrevista a Klayman sobre Banon» en *El País,* 9 de abril de 2019 (https://elpais.com/

cultura/2019/04/07/doc_and_roll/1554662827_710346.html?event_log=oklogin)

López, Román, *Introducción a la literatura infantil* (Murcia: Universidad de Murcia, 1990).

López, Teresa y Moreno, Fernando A., *Ensayos sobre ciencia ficción y literatura fantástica* (Madrid: Universidad Carlos III, 2008).

Maimónides, *Guía de perplejos* (Madrid: Trotta, 1994).

Mandeville, Bernard, *La fábula de las abejas. Los vicios privados hacen la prosperidad pública* (Madrid: Fondo de Cultura Económica, 2004).

Maquiavelo, Nicolás, *Discursos sobre la primera década de Tito Livio* (Madrid: Alianza, 2000).

Mariño, Alicia, «Entre lo posible y lo imposible: el relato fantástico», en López y Moreno, *Ensayos sobre ciencia ficción y literatura fantástica*.

Merriam, Charles E., *New aspects of politics* (Chicago: University of Chicago Press, 1970).

Mínguez, Xavier, «La definición de la LIJ desde el paradigma de la didáctica de la Lengua y la Literatura», en *AILIJ Anuario de Investigación en Literatura Infantil y Juvenil*, n.º 10 (2012), 87-106.

Mommsen, Wolfgang J., *La época del imperialismo* (Madrid: Siglo XXI, 1984).

Muñoz, Alfonso, «Reescribiendo a Peter Pan: la indefinición de un mito con múltiples originales», en *AILIJ Anuario de Investigación en Literatura Infantil y Juvenil*, Anexo (2018), 289-325

(en https://revistas.uvigo.es/index.php/AILIJ/article/view/910/894).

Nussbaum, Martha C., «La imaginación literaria en la vida pública», *Isegoría*, n.º 11 (1995).

— *Las mujeres y el desarrollo humano*, (Barcelona: Herder, 2002).

— *Las fronteras de la justicia. Consideraciones sobre la exclusión* (Barcelona: Paidós, 2007).

— *Paisajes del pensamiento. La inteligencia de las emociones* (Barcelona: Paidós, 2008).

— *Sin fines de lucro. Por qué la democracia necesita de las humanidades* (Madrid: Katz, 2010).

— *Crear capacidades. Propuesta para el desarrollo humano* (Barcelona: Paidós, 2012).

— *La monarquía del miedo. Una mirada filosófica a la crisis política actual* (Barcelona: Paidós, 2019).

Perrault, Charles, «Caperucita Roja», en Perrault, *Cuentos completos*.

— *Cuentos completos* (Madrid: Alianza, 2016).

Quintiliano de Calahorra, *Obra Completa*, edición bilingüe, V Tomos (Salamanca: Universidad Pontificia de Salamanca, 1997).

Ramírez, Jose Luís, «El retorno de la retórica», *Foro Interno. Anuario de Teoría Política*, 1 (2001), 65-74.

Ramos, Ana Belén, «Introducción» en Baum, L. Frank, *El Maravilloso Mago de Oz*.

Roiz, Javier. *El experimento moderno. Política y psicología al final del siglo XX* (Madrid: Trotta, 1992).

— *La recuperación del buen juicio* (Madrid: Foro Interno, 2003).

— *El Mundo Interno y la Política* (Madrid: Plaza y Janés, 2013).

Rousseau, Jean Jacques, *Emilio, o de la educación* (Madrid: Alianza, 1998).

Segura, Eduardo, *J.R.R. Tolkien: Historia, Leyenda, Mito* (Oviedo: Sapere Aude, 2021).

Sen, Amartya, *El valor de la democracia* (Madrid: El Viejo Topo, 2006).

Sennet, Richard, *El declive del hombre público* (Barcelona: Anagrama, 2011).

Simón-Rebelles, Lorena y Fernández-Llebrez, Fernando, «*On the town*: la empatía como elemento de calidad democrática en el pensamiento político de Marshall Berman», *Revista de Estudios Políticos*, 194 (2021), 97-126.

Skinner, Quentin, «La idea de libertad negativa: perspectivas filosóficas e históricas», en Rorty, Richard, Schneewind, Jerome B. y Skinner, Quentin (comps.), *La filosofía en la historia* (Barcelona: Paidós: 1990).

— «Las paradojas de la libertad política», en Ovejero, Felix, Martí, José Luis y Gargarella, Roberto, *Nuevas ideas republicanas. Autogobierno y libertad* (Barcelona: Paidós, 2004).

— «Significado y comprensión en la historia de las ideas», en Bocardo, Enrique (ed.), *El giro conceptual. Cinco ensayos de Quentin Skinner, y seis comentarios* (Madrid: Tecnos, 2007).

— «Interpretación y comprensión de los actos de habla», en Bocardo (ed.), *El giro contextual*.

— *Hobbes y la libertad republicana* (Buenos Aires: Universidad Nacional de Quilmes, 2010).

Stevenson, Robert, «Mary Poppins» *(film)* (Walt Disney Production, Estados Unidos, 1964).

Todorov, Tzvetan, *Introducción a la literatura fantástica* (México: Premia, 1981).

Tolkien, John Ronald R., *El Hobbit* (Barcelona: Minotauro, 2022).

— *El Señor de los Anillos* (Barcelona: Minotauro, 2022)

— «Sobre los cuentos de hadas», en *Los Monstruos y los Críticos y Otros Ensayos* (Barcelona: Minotauro, 2022).

Veblen, Thorstein, *Teoría de la clase ociosa* (Madrid: Alianza, 2014).

Wolin, Sheldon S., *Hobbes y la tradición épica de la teoría política* (Madrid: Foro Interno, 2005).

— *Política y perspectiva. Continuidad e innovación en el pensamiento político occidental (edición ampliada)* (México: Fondo de Cultura Económica, 2012).

ÍNDICE ANALÍTICO